Langenscheidt

Expresskurs Niederländisch

Die leichte Einführung für Anfänger

von Foekje Reitsma
und Drs. Hans Beelen

Langenscheidt

Berlin · München · Wien · Zürich · New York

Langenscheidt Expresskurs Niederländisch

von Foekje Reitsma und Drs. Hans Beelen

Redaktion: Gabriela Lindner
Grafik: Peter Pleischl
Zeichnungen: Irmtraud Guhe

Ergänzende Hinweise, für die wir jederzeit dankbar sind, bitten wir zu richten an:
Langenscheidt Verlag,
Postfach 40 11 20
80711 München

Umwelthinweis: gedruckt auf chlorfrei gebleichtem Papier

Druck: Druckhaus Langenscheidt, Berlin-Schöneberg
Printed in Germany
www.langenscheidt.de

4. 5. 6. * 07 06 05

Hinweise zum Lernen

Mit dem Expresskurs Niederländisch werden Sie in kurzer Zeit Grundkenntnisse des Niederländischen erwerben und sich in alltäglichen Situationen ausdrücken können. Da Sie die Sprache selbstständig und ohne Lehrer erlernen, möchten wir Ihnen einige wichtige Hinweise zum Arbeiten mit diesem Selbstlernkurs geben: Sie sollten die Lektionstexte nicht nur lesen, sondern sie sich auch auf der **CD 1** anhören. So prägen Sie sich von Anfang an die richtige Aussprache und Satzmelodie ein. Hören und lesen Sie den neuen Text mehrmals und versuchen Sie, den Sinn zu erfassen, auch wenn Sie nicht jedes Wort verstehen. Vielleicht helfen Ihnen auch die Fotos und Zeichnungen, den Text besser zu verstehen.

Zum Lernen der neuen Wörter möchten wir Ihnen folgende Tipps geben: Decken Sie im Abschnitt **Neue Wörter und Ausdrücke** die deutsche Spalte mit einem Blatt Papier oder einer Karteikarte ab, sprechen Sie für sich die deutsche Übersetzung und schieben Sie dann zum Überprüfen Ihrer Antwort das Blatt oder die Karte um eine Zeile nach unten. Danach verfahren Sie umgekehrt und decken die deutsche Spalte ab. Sprechen Sie die niederländischen Wörter laut und schreiben Sie sie auch!

Hören Sie sich die richtige Aussprache der neuen Wörter auf dem **Wortschatztrainer auf der CD 2** an. Er enthält nach Lektionen geordnet die wichtigsten Wörter und ist ein wertvolles Hilfsmittel beim Erlernen des Wortschatzes. Zum einen hören Sie hier die richtige Aussprache der neuen Wörter – und zwar in derselben Reihenfolge wie im Lehrbuch.

Zum anderen können Sie sich vom Wortschatztrainer abfragen lassen. Denn er gibt Ihnen zuerst den deutschen Ausdruck vor. Danach folgt eine Pause, in der Sie die niederländische Entsprechung sagen können. Dann erst hören Sie den niederländischen Ausdruck.
Schließlich sollten Sie den Wortschatztrainer ab und zu für Diktate benutzen. So werden Sie auch in der Schreibung fit. Mit dem Wortschatztrainer können Sie die Vokabeln einfach nebenbei lernen – bei der Hausarbeit, auf dem Weg zur Arbeit, beim Joggen ...

Die Übungen zur Aussprache und zum Hörverstehen, die mit dem Symbol gekennzeichnet sind, finden Sie auf der **CD 1**. Überprüfen Sie alle Ihre Lösungen anhand des **Lösungsschlüssels** im Anhang, in dem auch alle Hörtexte abgedruckt sind. Haben Sie in einer Übung viele Fehler gemacht, lassen Sie sich dadurch nicht entmutigen. Lesen Sie den entsprechenden Teil im Abschnitt Erklärungen noch einmal aufmerksam durch und versuchen Sie es noch einmal. Manchmal ist es in solchen Situationen auch sinnvoll, das Buch zuzuklappen und am nächsten Tag mit frischen Kräften weiterzumachen. Erst wenn Sie den Lektionsstoff wirklich beherrschen, sollten Sie zur nächsten Lektion übergehen. Und wiederholen Sie ab und zu eine bereits bekannte Lektion. So vermeiden Sie, dass schon Bekanntes wieder in Vergessenheit gerät.

Und noch ein ganz wichtiger Hinweis zum Erlernen einer Fremdsprache: Sie lernen Niederländisch ja sicherlich mit dem Ziel, sich mit Niederländern in ihrer Sprache zu unterhalten und/oder niederländische Texte zu lesen. In der Realität können Sie aber nie davon ausgehen, dass Sie nur solche Wörter hören oder lesen, die Sie bereits kennen. Und nicht immer haben Sie Gelegenheit, jedes unbekannte Wort nachzuschlagen. Um sich in einer Fremdsprache zu verständigen, müssen Sie deshalb die Technik entwickeln, nicht Wort für Wort ins Deutsche zu übersetzen, sondern den Sinn der Aussage zu erfassen. Sie müssen also die Schlüsselwörter und die Kernaussage herausfiltern und dabei evtl. auch versuchen, den Sinn eines unbekannten Wortes zu erraten oder abzuleiten. Wir möchten Ihnen mit diesem Kurs auch die Möglichkeit geben, diese Technik zu erlernen. Natürlich führen wir in Anschluss an die Lektionstexte alle neuen Wörter systematisch auf, die Beispielsätze zu den Grammatikerklärungen gehen aber oft über Ihren Kenntnisstand hinaus. Versuchen Sie hier, ihren Sinn zu erfassen und überlegen Sie sich, was die unbekannten Wörter wohl bedeuten könnten. Lesen Sie erst dann die daneben oder darunter stehende Übersetzung der Beispielsätze. Das gleiche gilt für die kurzen landeskundlichen Texte, die wir Ihnen in den fortgeschrittenen Lektionen zuerst auf Niederländisch und erst anschließend in einer deutschen Übersetzung präsentieren. Sie werden sehen, wie schnell Sie sich gerade für das Niederländische, das dem Deutschen ja oft sehr ähnlich ist, diese Technik aneignen.

Und nun wünschen wir Ihnen viel Spaß und Erfolg bei der Beschäftigung mit dem Niederländischen!

Inhalt

Inhalt

Inhalt

Die Aussprache des Niederländischen

 Die Betonung

Im Großen und Ganzen entspricht die Betonung der niederländischen Wörter den Regeln der Betonung im Deutschen. Auf zwei Unterschiede möchten wir an dieser Stelle kurz hinweisen:

Einige geographische Namen werden im Niederländischen anders betont als im Deutschen. Amsterdam, Breda, Enschede, Maastricht, Rotterdam.

Die weiblichen Endungen **-in** und **-es** ziehen den Akzent nach sich.
vriend (*Freund*) – vriendin (*Freundin*)   leraar (*Lehrer*) – lerares (*Lehrerin*)

 Vokale und Vokalverbindungen

Bei der Aussprache der Vokale ist zu berücksichtigen, ob sie sich in einer offenen oder einer geschlossen Silbe befinden. Eine offene Silbe endet mit einem Vokal, während eine geschlossene Silbe mit einem Konsonanten endet.

Beispiele für offene Silben: *za*-ken, *ze*-gen, *lie*-gen, *ko*-pen, *hu*-ren
Beispiele für geschlossene Silben: *zak*-ken, *zeg*-gen, *lig*-gen, *kop*-pen, *hur*-ken

Schriftzeichen	Aussprache	Beispielwörter
a		
aa	in geschlossener Silbe: als langes *a* wie in *Tag*	b**aa**n *Bahn*, n**aa**m *Name*, l**aa**t *spät*
a	in offener Silbe: als langes *a* wie in *Tag*	h**a**len *holen*, str**a**ten *Straßen*, bijn**a** *fast*
	in geschlossener Silbe: als kurzes *a*, etwas dunkler als in *Band*	h**a**nd *Hand*, str**a**nd *Strand*, l**a**ng *lang*
e		
ee	in geschlossener Silbe: langes *e* wie in *geben*	l**ee**s *lies*, b**ee**n *Bein*, v**ee**l *viel*
e, selten **ee**	in betonter offener Silbe: lang wie in *geben*	g**e**ven *geben*, tw**ee**de *zweite(r)*, caf**é** *Kneipe*
e	in unbetonter offener Silbe: kurzes *e* wie in *handeln* (sog. Schwa-Laut)	luist**e**ren *zuhören*, b**e**tek**e**nen *bedeuten*, lengt**e** *Länge*
	in betonter geschlossener Silbe: kurz, etwas dunkler als in *Mensch*	m**e**ns *Mensch*, hot**e**l *Hotel*, h**e**lder *hell, klar*
	in unbetonter geschlossener Silbe und in der Infinitiv-/Mehrzahlendung: kurz, wie in *handeln* (sogenanntes Schwa)	met**e**r *Meter*, v**e**rvang**e**n *ersetzen*, boek**e**n *Bücher*

Schriftzeichen	Aussprache	Beispielwörter
i		
ie	in offener und geschlossener Silbe: langes *i* wie in *Si*eb	l**ie**d *Lied,* w**ie** *wer,* v**ie**s *schmutzig*
i	in geschlossener Silbe: kurz wie in *Wi*nd	st**i**l *leise,* k**i**nd *Kind,* w**i**ld *wild, Wild*
o		
oo	in geschlossener Silbe: langes *o* wie in *T**o**n*	z**oo**n *Sohn,* b**oo**t *Boo,* n**oo**t *Nuss, (Musik-)Note*
o, selten **oo**	in offener Silbe: lang wie in *T**o**n*	t**o**nen *zeigen,* l**oo**chenen *leugnen,* str**o** *Stroh*
	in geschlossener Silbe: kurz, etwas dunkler als das *o* in *W**o**lke*	w**o**lk *Wolke,* v**o**lk *Volk,* z**o**n *Sonne*
u		
uu	in geschlossener Silbe (kommt selten vor): langes *ü* wie in ***Ü**bung*	min**uu**t *Minute,* br**uu**sk *barsch,* br**uu**t *brutal*
u	in offener Silbe: langes **ü** wie in ***Ü**bung*	d**u**wen *drücken,* r**u**zie *Streit,* n**u** *jetzt*
	in geschlossener Silbe: kurzes *ü,* etwa wie in *St**ü**ck*	gel**u**k *Glück,* d**u**s *also, somit,* k**u**nnen *können*
y	(kommt nur in Fremdwörtern vor): langes *i,* wie in *Si*eb	hobb**y** *Hobby,* enc**y**clopedie *Lexikon*

Allgemeine Regeln

1 Die beiden **e** in den Endungen **-elen** und **-eren** werden wie ein Schwa (d. h. kurzes e, wie in *handeln*) ausgesprochen, wenn diese Endungen den deutschen Endungen *-eln* bzw. *-ern* entsprechen: **verbeteren** *verbessern*, **handelen** *handeln*.
Das erste **e** in der Endung **-eren** wird jedoch lang ausgesprochen, wenn diese Endung der deutschen Endung *-ieren* entspricht: **regeren** *regieren*.

2 Vor einem **r** wird ein langer Vokal in einer geschlossenen Silbe noch länger gesprochen. Hören Sie sich die unterschiedliche Vokallänge der folgenden Wortpaare auf der CD an:

pl**aa**ts *Platz* – l**aa**rs *Stiefel*
v**ee**l *viel* – v**ee**r *Feder*
b**ie**dt *bietet* – b**ie**r *Bier*
h**oo**p *Haufen* – h**oo**r *höre*
d**u**w *drücke* – d**uu**r *teuer*

Einen ähnlichen Unterschied hört man im Deutschen z. B. bei *K**ü**che* und *T**ü**r*. In beiden Wörtern wird das *ü* lang ausgesprochen, aber das *ü* in *Tür* ist länger als das in *Küche*.

Vokalverbindungen und Diphthonge

Verbindungen aus zwei oder mehr Vokalen werden im Niederländischen zum Teil getrennt ausgesprochen (z. B. die Diphthonge ei, ij, ui), zum Teil bilden sie eine Einheit und würden im Deutschen mit nur einem Vokalzeichen geschrieben (z. B. eau, eu, oe).

Schriftzeichen	Aussprache	Beispielwörter
aai	wie in *H**ai***	law**aai** *Lärm*, dr**aai**en *drehen*
au	wie in *Fr**au***	fl**au**w *fade*, **au**gurken *Gurken*
eau	langes *o*, wie in *Bür**o***	bur**eau** *Büro, Schreibtisch*, cad**eau**tje *Geschenk*
eeuw	langes *e* und *u* hintereinander	**eeu**w *Jahrhundert*, g**eeu**wen *gähnen*
ei	kurzes *ä* und *i* hintereinander	m**ei**sje *Mädchen*, r**ei**s *Reise*
eu	*ö* wie in *l**ö**sen*, vor einem **r** etwas länger	l**eu**k *toll, angenehm*, d**eu**r *Tür*
ie	langes *i* wie in *S**ie**b* (nie ein Diphthong wie in *Famil**ie***)	**ie**dereen *jeder, alle*, famil**ie** *Familie*
ieuw	langes *i* und *u* hintereinander	n**ieuw**s *Nachrichten*, vern**ieuw**en *erneuern*
ij	kurzes *ä* und *i* hintereinander	pr**ij**s *Preis*, **ij**sje *Eis*
oe	kurzes *u* wie in *g**u**cken*, vor einem **r** lang	b**oe**k *Buch*, vl**oe**r *(Fuß-)Boden*
oei	wie in *pf**ui***	f**oei** *pfui*, st**oei**en *sich balgen*
ooi	wie in *Konv**oi***, aber etwas länger	m**ooi** *schön*, f**ooi** *Trinkgeld*
ou	wie in *Fr**au***	k**ou**d *kalt*, tr**ou**wen *heiraten*
ui	œ wie im englischen *b**i**rd* und *ü* hintereinander	s**ui**ker *Zucker*, t**ui**nh**ui**sje *Gartenhaus*
uw	langes *ü* und *u* hintereinander	r**uw** *rau*, schad**uw** *Schatten*

Das Trema

Nun kann es aber auch vorkommen, dass zwei Vokale aufeinandertreffen, die nicht als feste Verbindung, sondern getrennt ausgesprochen werden. In diesem Fall wird auf den zweiten Vokal ein sogenanntes Trema gesetzt. Diese zwei Punkte auf einem Vokal zeigen immer an, dass dieser Vokal und der vorangehende getrennt gesprochen werden.

kr**eu**nen *ächzen, wimmern*
sard**ie**ntje *Sardine*
g**ei**ntje *Scherz*
z**oe**ken *suchen*
t**ui**tje *Tülle, Schnabel*

r**eü**nie *(Klassen-, Familien-)Treffen*
pat**ië**ntje *junger Patient*
g**eï**nteresseerd *interessiert*
z**oë**ven *gerade*
int**uï**tie *Intuition*

Konsonanten und Konsonantenverbindungen

Die meisten Konsonanten werden wie im Deutschen gesprochen. Unterschiede gibt es aber bei folgenden Konsonanten und Konsonantenverbindungen:

Schriftzeichen	Aussprache	Beispielwörter
c	vor **a**, **o**, **u**: wie *k*, aber unbehaucht	**c**adeautje *Geschenk*
	vor **e**, **i**: scharfes *s*, wie in ***S**et*	**c**entrum *Zentrum*
ch	hartes *ch* wie in *a**ch*** (nie weich wie in *i**ch***)	kra**ch**tig *kräftig,* **ch**aotisch *chaotisch,* li**ch**t *Licht, leicht*
	in einigen Wörtern als *k* wie in ***Ch**aos*	**ch**ristelijk *christlich*
	in französischen Fremdwörtern als *sch* wie in ***Ch**ance*	**ch**ef *Chef,* **ch**ocolade *Schokolade*
g	wie in *a**ch**,* aber etwas stimmhafter, in den nördlichen Niederlanden oft extrem ‚gerieben'	**g**aan *gehen,* li**gg**en *liegen*
k	nie behaucht	**k**o**k**en *kochen,* ba**kk**erij *Bäckerei*
p	nie behaucht	**p**a**p**ier *Papier,* fo**pp**en *veräppeln*
r	Zäpfchen-r (üblicher) oder Zungenspitzen-r	**r**eis *Reise,* vie**r**en *feiern*
s	immer scharf, wie in *wi**ss**en*	**s**aai *langweilig,* wen**s**en *wünschen*
sch	scharfes *s* + *ch* (wie in *a**ch***), nie wie das deutsche *sch*	**sch**ip *Schiff,* mis**sch**ien *vielleicht*
schr	scharfes *s* + *ch* + *r*, in den Niederlanden allerdings auch oft *sr*, wie in *au**sr**eden*	**schr**ijven *schreiben,* ver**schr**ikkelijk *schrecklich*
sj	wie in *ra**sch***	pil**sj**e *Pils,* Wa**s j**e daar? *Warst du da?*
sp	wie in *Kno**sp**e*, nie *sch* + *p*	**sp**ellen *buchstabieren,* wi**sp**elturig *launisch*
st	wie in La**st**er, nie *sch* + *t*	**st**orm *Sturm,* ru**st**ig *ruhig*
t	nie behaucht	**t**oe**t**eren *hupen,* zi**tt**en *sitzen*
v	stimmhaft, wie im englischen ***v**ery,* in den Niederlanden am Wortanfang oft stimmlos wie *f*	**v**rijdag *Freitag,* **v**ast *fest, nahezu*
w	wie im englischen ***w**ater,* in einigen Regionen wie im deutschen ***W**asser*	**w**ie *wer,* la**w**aai *Lärm*
x	wie in ***X**anten*	lu**x**e *Luxus*

Schriftzeichen	Aussprache	Beispielwörter
y	als *j*, so wie im Deutschen das *y* in ***Y**oga*	**y**oghurt *Joghurt*
z	summendes *s* wie in *le**s**en,* in den Niederlanden am Wortanfang oft genau so scharf wie das *s*	le**z**en *lesen,* **z**oon *Sohn*

Allgemeine Regeln

1. Das **n** in der Endung **-en** wird in der Regel verschluckt: luister**en** *zuhören.*

2. Die Adjektivendung **-ig** wird *öch* (wie in *L**öch**er*) gesprochen: rust**ig** *ruhig.*

3. Die Adjektivendung **-isch** wird *is* (*i* wie in *Sieb*) gesprochen: Russ**isch** *russisch.*

4. Die Adjektivendung **-lijk** wird immer *löck* (wie in Gl**öck**ner) gesprochen: le**lijk** *hässlich.*

5. Wenn ein **l** oder **r** mit **f**, **g**, **k**, **m**, **n**, oder **p** verbunden wird, wird zwischen den beiden in der Aussprache oft ein sogenanntes Schwa (kurzes, unbetontes *e* wie in *hand**e**ln*) eingefügt:

twaa**lf** *zwölf*
Be**lg** *Belgier*
vo**lk** *Volk*
ka**lm** *ruhig*
tu**lp** *Tulpe*

ve**rf** *Farbe*
be**rg** *Berg*
pa**rk** *Park*
be**rm** *Straßenrand*
do**rp** *Dorf*

Assimilation

Im Niederländischen werden, ähnlich wie im Französischen und Spanischen, alle Wörter beim Sprechen miteinander verbunden. Im Gegensatz zum Deutschen, das oft recht abgehackt klingt, setzt man im Niederländischen zwischen den einzelnen Wörtern nicht neu an: Der letzte Buchstabe des einen Wortes wird mit dem ersten Buchstaben des nächsten Wortes verbunden, sodass ein „fließendes" Ganzes entsteht. Dabei beeinflussen die einzelnen Laute, die so aufeinander treffen, die Aussprache des vorangehenden oder nachfolgenden Lautes (Assimilation). Stimmhafte Konsonanten werden manchmal stimmlos ausgesprochen und umgekehrt. Dies gilt auch über die Wortgrenze hinaus, d.h. zwischen zwei Wörtern.

1. Nach einem stimmlos gesprochenen Konsonaten (**p**, **t**, **k**, **f**, **s**, **ch** sowie am Wortende **b**, **d**, **g**) werden die stimmhaften Konsonanten **g**, **v** und **z** ebenfalls stimmlos ausgesprochen:

g	v	z
bon**dg**enoot *Verbündeter*	a**dv**ertentie *Inserat*	doo**dz**iek *todkrank*
oo**gg**etuige *Augenzeuge*	we**gv**egen *wegwischen*	ru**gz**ak *Rucksack*
o**pg**even *aufgeben*	o**pv**allend *auffällig*	o**pz**oeken *nachschlagen*
ui**tg**aan *ausgehen*	ro**tv**ent *Mistkerl*	in het **z**uiden *im Süden*
za**kg**eld *Taschengeld*	ba**kv**is *Backfisch*	waa**kz**aam *wachsam*
a**fg**even *abgeben*	zich a**fv**ragen *sich fragen*	a**fz**eggen *absagen*
rei**sg**ids *Reiseführer*	dat i**s v**eel *das ist viel*	Waar i**s z**e? *Wo ist sie?*
ik la**ch g**raag *ich lache gerne*	pe**chv**ogel *Pechvogel*	zi**chz**elf *sich selbst*

Umgekehrt: <u>Vor</u> den stimmhaft gesprochenen Konsonanten **b** und **d** werden die stimmlosen Konsonanten **p**, **t**, **k**, **f**, **s**, **ch** ebenfalls stimmhaft ausgesprochen:

p	t	k
o**pb**ouwen *aufbauen*	Wa**t b**edoel je? *Was meinst du?*	koo**kb**oek *Kochbuch*
o**pd**racht *Auftrag*	Wa**t d**enk je? *Was denkst du?*	za**kd**oek *Taschentuch*

f	s	ch
a**fb**reken *abbrechen*	a**sb**ak *Aschenbecher*	la**chb**ui *Lachkrampf*
hoo**fdd**oek *Kopftuch*	Wie i**s d**at? *Wer ist das?*	to**ch d**enk ik ... *trotzdem denke ich ...*

Weitere übliche Verknüpfungen:

n + b wird *mb* ausgesprochen, wie in *Ar**mb**and:*
o**nb**elangrijk *unwichtig,* Dat is ee**n b**eetje te duur. *Das ist ein bisschen zu teuer.*

n + k wird *ngk* ausgesprochen, wie in *Ho**ngk**ong:*
dri**nk**en *trinken,* ee**n k**lei**n k**ind *ein kleines Kind*

n + p wird *mp* ausgesprochen, wie in *A**mp**el:*
inpakken *einpacken,* Lust je nog ee**n p**ilsje? *Möchtest du noch ein Bier?*

s + j wird *sch* ausgesprochen, wie in *Kli**sch**ee:*
mei**sj**e *Mädchen,* Wa**s j**e ziek? *Warst du krank?*

st + j wird ebenfalls *sch* ausgesprochen, wie in *Kli**sch**ee:*
ki**stj**e *Döschen,* Wi**st j**e dat? *Wusstest du das?*

st + st wird (einfach) *st* ausgesprochen, wie in *selb**stst**ändig,* wo auch niemand *selbst-ständig* sagt: va**stst**ellen *feststellen,* geru**stst**ellen *(jemanden) beruhigen*

Lektion 1

WIE, WAT, WAAR, HOE?

Im niederländischen Fernsehen hat soeben die freitagabendliche Unterhaltungssendung **Wie, wat, waar, hoe, bent u ook zo moe?** *Wer, was, wo, wie, sind Sie auch so müde?* begonnen. Die Kandidaten des Spiels stellen sich kurz vor. Der **quizmaster** moderiert.

Paul: Mijn naam is Paul de Winter, ik woon in Antwerpen, ben 37 jaar oud en mijn beroep is politieagent. Mijn hobby's zijn tennissen, lezen en t.v.-kijken.

Quizmaster: Een politieagent uit België! Ben je verliefd, verloofd, getrouwd of zo?

Paul: Getrouwd. Een dochtertje en drie honden.

Quizmaster: Mooi zo! Zwaai maar even in de camera. Jeanette, zeg het maar.

Jeanette: Nou, ik ben dus Jeanette Leusing, ik kom uit Den Haag en ik studeer toerisme. Ik hou van uitgaan, uitslapen en reizen natuurlijk, en ik wou de groeten doen aan...

Quizmaster: Hoho, niet zo snel! Toerisme dus. Vertel maar welke talen je spreekt, behalve Nederlands natuurlijk.

Jeanette: Engels, Frans, Duits en ook een beetje Spaans.

Quizmaster: Leuk, leuk, leuk. Dames en heren, we hebben vanavond een talenwonder in de studio! Welkom, Paul en Jeanette, in „Wie, wat, waar, hoe, bent u ook zo moe?"
Jullie zijn twee fantastische kandidaten. Let op, hier komt de eerste vraag...

Neue Wörter und Ausdrücke

Hören Sie sich mehrfach die richtige Aussprache auf der CD an und sprechen Sie die niederländischen Wörter nach.
In dieser Anordnung lernen Sie die Wörter am besten: erst links-rechts, dann rechts-links. Decken Sie nach dem Lernen die rechte Spalte mit einem Blatt Papier ab, sprechen Sie die deutsche Übersetzung und schieben Sie dann das Blatt um eine Zeile nach unten zur Überprüfung. Dann decken Sie die linke Spalte ab und versuchen, die niederländische Übersetzung zu sprechen und zu schreiben. Überprüfen Sie dann jeweils nach Herunterschieben des Abdeckblattes, ob Ihre Übersetzung richtig war.

wie	wer
wat	was
waar	wo
hoe	wie
mijn naam is	mein Name ist
ik woon	ich wohne
in	in
ik ben 37 jaar oud	ich bin 37 Jahre alt
en	und
mijn beroep is	mein Beruf ist
politieagent	Polizist
mijn hobby's zijn	meine Hobbys sind
tennissen	Tennis spielen
lezen	lesen
t.v.-kijken	fernsehen
uit	aus
Ben je verliefd?	Bist du verliebt?
verloofd	verlobt
getrouwd	verheiratet
of zo	oder so etwas
een dochtertje en drie honden	ein Töchterchen und drei Hunde
mooi zo!	schön!
zwaai maar even	wink mal eben kurz
de camera	die Kamera
zeg het maar	sag es mal
nou, ik ben dus...	naja, ich bin also...
ik kom uit	ich komme aus
ik studeer	ich studiere
het toerisme	der Tourismus
ik hou van	ich liebe, ich mag gerne
uitgaan	ausgehen
uitslapen	ausschlafen
reizen	reisen
natuurlijk	klar, natürlich
ik wou de groeten doen aan ...	ich möchte ... grüßen
Hoho, niet zo snel!	Halt, nicht so schnell!
vertel maar	erzähl mal
welke talen je spreekt	welche Sprachen du sprichst
behalve	außer
Nederlands	Niederländisch
Engels	Englisch
Frans	Französisch
Duits	Deutsch
en ook een beetje	und auch ein bisschen
Spaans	Spanisch
leuk	schön
dames en heren	(Meine) Damen und Herren
we hebben vanavond	wir haben heute Abend
een talenwonder	ein Sprachgenie
in de studio	im Studio
welkom	willkommen
jullie zijn	ihr seid
twee fantastische kandidaten	zwei phantastische Kandidaten
Let op!	Achtung!
hier komt de eerste vraag	hier kommt die erste Frage

Erklärungen

1 Gehen Sie den Text noch einmal durch und notieren Sie **die Formen des Verbes zijn** *sein*. Jetzt haben Sie schon die meisten Formen kennengelernt:

ik ben	*ich bin*
je bent	*du bist*
ben je?	*bist du?*
u bent	*Sie sind*
(mijn naam) is	*(mein Name) ist*
wij zijn	*wir sind*
jullie zijn	*ihr seid*
(mijn hobby's) zijn	*(meine Hobbys) sind*

Bei der **je**-Form entfällt in allen Verben das **-t**, wenn das Verb dem **je** vorangeht, z. B. in Fragen: **Je bent fantastisch. Ben je getrouwd?**

Eine systematische Aufstellung der Personalpronomen folgt in Lektion 4.

2 Im Niederländischen gilt eine gemäßigte **Groß- und Kleinschreibung**. Substantive wie **politieagent, kinderen** und **toerisme** werden kleingeschrieben. Großgeschrieben (**met een hoofdletter**) werden Namen von Orten und Personen, Bezeichnungen für Sprachen und der erste Buchstabe eines neuen Satzes.

3 Der Spielleiter duzt die Spielkandidaten. Im Niederländischen duzt man sich öfter als im Deutschen. Dennoch empfiehlt es sich, Fremde zu **siezen**, vor allem, wenn sie über 30 sind. Die Höflichkeitsform taucht im Titel der Sendung auf, sie lautet **u**:

Woont u in Den Haag?	*Wohnen Sie in Den Haag?*
Bent u getrouwd?	*Sind Sie verheiratet?*
Hebt u hobby's?	*Haben Sie Hobbys?*

4 Sie haben jetzt folgende **Fragewörter** kennengelernt:

wie	*wer*
wat	*was*
waar	*wo*
hoe	*wie*
welke	*welche*

Wie bent u?	*Wer sind Sie?*
Ik ben Jan van Meurs.	*Ich bin Jan van Meurs.*
Wat zijn uw hobby's?	*Was sind Ihre Hobbys?*
Mijn hobby's? Lezen en uitgaan.	*Meine Hobbys? Lesen und ausgehen.*
Waar woont u?	*Wo wohnen Sie?*
Ik woon in Scheveningen.	*Ich wohne in Scheveningen.*
Hoe heet je?	*Wie heißt du?*
Ik heet Sjors.	*Ich heiße Sjors.*
Welke talen spreek je?	*Welche Sprachen sprichst du?*
Duits en Nederlands.	*Deutsch und Niederländisch.*

5 **Eigenlijk**, **dus** und **nou** sind **Füllwörter**, die im Deutschen häufig keine direkte Entsprechung haben. **Eigenlijk** mildert die Aussage etwas ab, lässt sie nicht so knallhart erscheinen und eignet sich aus diesem Grund gut für Fragen, die man sich beim Kennenlernen stellt. In Fragen entspricht es dem deutschen *denn*.
Nou gibt dem Sprecher etwas Zeit zu überlegen, was er als Nächstes sagen will:

Hebt u eigenlijk hobby's? Nou, eigenlijk niet. Ik hou van luieren en uitslapen.
Haben Sie denn Hobbys? Na ja, eigentlich nicht. Ich liebe es, zu faulenzen und auszuschlafen.

Erklärungen

Dus schafft meistens einen Zusammenhang mit dem vorher Gesagten:

Jeanette: Ik kom uit Den Haag en ik studeer toerisme.
Quizmaster: Tourisme dus.

Es kann aber auch ein leeres Füllwort sein:
Nou, ik ben dus Jeanette.
Na ja, ich bin (also) die Jeanette.

6 **Sportarten** sind im Niederländischen vom Hauptwort ableitbar:

tennis *Tennis*	tennissen *Tennis spielen*
dam *Dame*	dammen
kaart *Spielkarte*	kaarten
voetbal *Fußball*	voetballen
volleybal *Volleyball*	volleyballen
schaats *Schlittschuh*	schaatsen
zeil *Segel*	zeilen

enzovoorts! *und so weiter*

Übungen

Nun versuchen Sie, die Übungsaufgaben zu lösen. Wenn Sie Schwierigkeiten haben, üben Sie bitte noch ein wenig den Text **Wie, wat, waar, hoe?** Vergleichen Sie anschließend Ihre Lösungen mit dem Schlüssel auf Seite 128.

 Setzen Sie folgende Wörter ein:

ben, bent, is, zijn

a. Ik .... Connie Vink, ik .... 17 jaar.

b. Paul de Winter .... politieagent.

c. .... u getrouwd?

d. Je .... dus Paul.

e. Hoe oud .... je?

f. Jullie .... getrouwd.

g. Dames en heren, u .... fantastisch!

2 Sie sind Gast auf einer Party. Jemand möchte Sie kennen lernen und spricht Sie an. Beantworten Sie seine Fragen.
Formulieren Sie Ihre Antworten zunächst schriftlich, hören Sie sich dann die Fragen auf der CD an und antworten Sie in den Pausen. Anschließend haben Sie Gelegenheit, die richtige Antwort zu hören und sich zu überprüfen.

Hoe heet je?

....

Ich heiße Paul Sommer.

Waar woon je?

....

Ich wohne in Duisburg.

Welke talen spreek je?

....

Deutsch, Niederländisch und Englisch.

Wat zijn jouw hobby's?

....

Fernsehen und Fußball spielen.

3 **Stel de juiste vraag!** *Stellen Sie die richtige Frage!*

Beispiel:
Ik heet Jan.

Hoe heet u?

a. Ik spreek Duits en een beetje Nederlands.
b. Hij kan goed voetballen.
c. Ik ben de quizmaster.
d. Ik woon in Amsterdam en in Brussel.
e. Mijn hobby's zijn tennissen en zeilen.

4 Hier sehen Sie einige neue Sätze, die Sie aber sicherlich verstehen. Welche deutsche Übersetzung passt zu welchem Satz?

Ik hou van dammen en kaarten.
Spielen Sie gerne Tennis?
Mijn hobby is schaatsen.
Ich bin also verliebt.
Houdt u van tennissen?
Ich spiele gern Dame und Karten.
Ik ben dus verliefd. *Was studierst du?*
Wat studeer je?
Mein Hobby ist Schlittschuh laufen.

Kruiswoordraadsel *Kreuzworträtsel*

▶ *Horizontaal*
1. Lezen is mijn …
4. Jeanette spreekt Engels, Frans, Duits, Spaans en …
6. … ben je?
8. … talen spreek je?
9. Ik hou van reizen, uitgaan en …

▼ *Verticaal*
1. … heet u?
2. Hoe … is zij?
3. Zij is 20 …
5. Füllwort.
7. … woont u?

Lektion 2

WELKOM

Welkom, dames en heren. Sie haben es in der ersten Lektion gemerkt: dieses attraktive Buch hat es in sich – viel Sprache, viel Information. Hoffentlich haben Sie Freude daran, die Texte zu hören und zu lesen, sie zu ergründen, die niederländische Grammatik zu begreifen, viele Wörter und Redensarten zu lernen und dabei allerhand Interessantes zu erfahren über unsere niederländischsprachigen Nachbarländer: **Nederland en België.**

Welkom in deze cursus Nederlands. Welkom in Amsterdam en Rotterdam, Brussel en Antwerpen, welkom in de Randstad en op de Waddeneilanden, in Brugge en in Gent, in grote steden en kleine dorpen, in heden en verleden.
Veel plezier op het strand, in het concertgebouw, in de snackbar, in het museum en op de markt.
Welkom in het hotel, op de camping, in het winkelcentrum, op de vakbeurs en op het wetenschappelijke congres.
Neem de fiets, de auto, de bus, de tram, de trein, de metro, het vliegtuig of pak even de telefoon. Of stuur een fax.
Wat is Nederland? Wie weet het? Ik weet het niet. Een land met 15 miljoen inwoners, 14 miljoen fietsen en bijna 6 miljoen auto's. Een land met Friezen, Chinezen, Limburgers en Surinamers. Een klein land, maar ook een groot land. Een buurland.
Wat is België? Weet iemand dat? Ik heb geen idee. Een land met drie talen en 600 soorten bier. Een land met Walen en Vlamingen. Een excentriek land. Een mooi land, maar ook een lelijk land. Een land om van te houden.
Welkom in de Nederlandse les. Wat voor een taal is het Nederlands? Geen flauw idee! Een zustertaal van het Duits. Een mooie taal, een levende taal. Even kleurrijk als het land. Een makkelijke taal, maar ook een moeilijke taal. Dynamisch ook. En postmodern. Daar gaan we! Veel succes!

Neue Wörter und Ausdrücke

In dieser Lektion lernen Sie den bestimmten Artikel kennen. Deshalb geben wir ab jetzt zu jedem Substantiv auch seinen Artikel an. Sie sollten den Artikel zusammen mit dem Wort lernen. So wissen Sie immer, welches Geschlecht das Substantiv hat.

Niederländisch	Deutsch
welkom	willkommen
de cursus	der Kurs
welkom in deze cursus Nederlands	willkommen in diesem Niederländischkurs
de Randstad	die Randstad *(siehe Erklärung 3)*
op	auf
de waddeneilanden	die Wattinseln
groot	groß
de stad	die Stadt
in grote steden	in großen Städten
klein	klein
het dorp	das Dorf
en kleine dorpen	und kleinen Dörfern
het heden	die Gegenwart, das Heute
het verleden	die Vergangenheit
in heden en verleden	in Gegenwart und Vergangenheit
veel	viel
het plezier	der Spaß
veel plezier	viel Spaß
het strand	der Strand
het concertgebouw	das Konzertgebäude
de snackbar	die Imbissstube
het museum	das Museum
de markt	der Markt
het hotel	das Hotel
de camping	der Campingplatz
het winkelcentrum	das Einkaufszentrum
de vakbeurs	die Fachmesse
het wetenschappelijke congres	der wissenschaftliche Kongress
de fiets	das Fahrrad
neem de fiets	nehmen Sie das Fahrrad
de auto	das Auto
de bus	der Bus
de tram	die Straßenbahn
de trein	der Zug
de metro	die U-Bahn
het vliegtuig	das Flugzeug
de telefoon	das Telefon
pak de telefoon	greifen Sie zum Telefon
de fax	das Fax
stuur een fax	schicken Sie ein Fax
Wie weet het?	Wer weiß es?
Ik weet het niet.	Ich weiß es nicht.
het land	das Land
met	mit
de inwoner	der Einwohner
een land met 15 miljoen inwoners	ein Land mit 15 Millionen Einwohnern
bijna	beinahe, fast
6 miljoen auto's	6 Millionen Autos
Friezen	Friesen
Chinesen	Chinesen
Limburgers	Limburger
Surinamers	Surinamer
het buurland	das Nachbarland
Weet iemand dat?	Weiß jemand das?
het idee	die Idee; die Ahnung
Ik heb geen idee.	Ich habe keine Ahnung.
drie talen	drei Sprachen
de soort	die Sorte, die Art
600 soorten bier	600 Biersorten
excentriek	exzentrisch
mooi	schön
lelijk	hässlich
een land om van te houden	ein Land zum (Ver)Lieben
de les	der Unterricht; die Lektion

Neue Wörter und Ausdrücke

in de Nederlandse les	im Niederländischunterricht
wat voor een taal	was für eine Sprache
Geen flauw idee!	Keine blasse Ahnung!
een zustertaal van het Duits	eine Schwestersprache des Deutschen
levend	lebendig
kleurrijk	farbenfroh
even kleurrijk als het land	ebenso farbenfroh wie das Land
makkelijk	leicht, einfach
moeilijk	schwierig
dynamisch	dynamisch
Daar gaan we!	Auf geht's! (*wörtlich:* da gehen wir)
het succes	der Erfolg
veel succes	viel Erfolg

Lektion 2

Erklärungen

1 Im Niederländischen gibt es **zwei bestimmte Artikel**, **de** und **het** (vgl. im Deutschen *der/die/das*). Jedes Substantiv ist entweder ein **de-** oder ein **het-woord**.

het strand	*der Strand*
het museum	*das Museum*
het hotel	*das Hotel*
het vliegtuig	*das Flugzeug*
het land	*das Land*
de snackbar	*die Imbissstube*
de camping	*der Campingplatz*
de auto	*das Auto*
de taal	*die Sprache*
de markt	*der Markt*

Das ndl. **het** entspricht oft (aber nicht immer) dem deutschen *das*: **De auto, de telefoon, het congres!**

2 **Adjektive**

Grote steden, kleine dorpen.
Große Städte, kleine Dörfer.
Een mooi land, een lelijk land.
Ein schönes Land, ein hässliches Land.
Een moeilijke taal, maar ook een makkelijke taal.
Eine schwierige Sprache, aber auch eine einfache Sprache.
De Nederlandse les. Kleurrijk, postmodern, dynamisch.
Der Niederländischunterricht. Farbenfroh, postmodern, dynamisch.

Das Adjektiv wird mit der Endung **-e** gebeugt. Am besten merkt man sich, wann diese Endung nicht benutzt wird:
– wenn statt des bestimmten Artikels **het** das unbestimmte **een** benutzt wird (**het** **mooie** **land**, aber **een** **mooi** **land**),
– wenn das Adjektiv „lose" verwendet wird (**de les is een beetje moeilijk**).

Tipp: Sie merken sich neue Wörter leichter, wenn Sie auch das Entgegengesetzte kennen. Also:

moeilijk	makkelijk
heden	verleden
klein	groot

Erklärungen

Richten Sie in Ihrem Vokabelheft eine Seite **Tegenstellingen** *Gegensätze* ein, und notieren Sie alle Gegensätze aus der zweiten Lektion. **Dan is Nederlands makkelijk!**

3 **Amsterdam** und **Rotterdam** sind die größten Städte der Niederlande. **Den Haag** ist der Regierungssitz und die Residenz der Königin, dennoch ist Amsterdam die Hauptstadt. **Brussel** (*Brüssel*), die Hauptstadt Belgiens, ist eine zweisprachige (französisch-niederländisch) Stadt, die wie eine Enklave im niederländischsprachigen Gebiet Belgiens liegt. **De Randstad**, auch **Randstad Holland** genannt, ist das im Westen gelegene Zentrum der Niederlande. Es umfasst u. a. die Städte **Rotterdam**, **Amsterdam**, **Den Haag** und **Utrecht**.

4 **Nederlands** *(Niederländisch)* wird öfter als **Vlaams** *(Flämisch)* oder **Hollands** *(Holländisch)* bezeichnet. Profis sagen schlicht und einfach *Niederländisch*. Lassen Sie sich von dieser Sprachverwirrung nicht beeinträchtigen, denn es handelt sich um ein und dieselbe Sprache, die, wenn auch mit regionalen Varianten, von 21 Millionen **Nederlanders** und **Belgen** gesprochen wird.

5 Wenn Sie etwas nicht wissen, können Sie dies auf verschiedene Art und Weise zum Ausdruck bringen.

Ligt Arnhem in de Randstad?
Liegt Arnheim in der Randstadt?
- Ik weet het niet. (neutral/förmlich)
  Ich weiß es nicht.
- Ik heb geen idee. (neutral/förmlich)
  Ich habe keine Ahnung.
- Geen flauw idee! (formlos, informell)
  Ich habe keinen blassen Schimmer.

Sie bilden also einen Satz, indem Sie **niet** oder **geen** *(kein)* verwenden.
Geen ist im Niederländischen unveränderlich.

Übungen

1 **Met of zonder -e?** *Mit oder ohne -e?*

a. Is Nederlands een (mooi) of een (lelijk) taal?
b. België is in culinair opzicht een (groot) land.
c. Is Nederlands (moeilijk)? Ik weet het niet.
d. De Koningin is een (getrouwd) vrouw.
e. Veel succes bij de (Nederlands) les!
f. Brussel is de (excentriek) hoofdstad van het (drietalig) België.

2 Sind diese Wörter **het**- oder **de**-Wörter? Und welches Wort gehört nicht dazu?

a. museum – hotel – snackbar – concertgebouw
b. fiets – auto – trein – bus
c. taal – les – bier – Nederlands – Duits
d. Engels – Frans – Duits – Nederlands
e. Antwerpen – Den Haag – Rotterdam – Waddeneilanden (*Städtebezeichnungen sind* ***het****-Wörter*)

Übungen

3 Setzen Sie bitte die folgenden Präpositionen ein

op – in –van – uit – met – voor

a. Wat .... een land is Duitsland?

b. België is een land .... veel soorten bier.

c. Hoeveel mensen wonen .... Nederland?

d. Veel plezier .... de markt, ... het strand en .... het museum.

e. Erik komt .... Den Haag.

f. Jeanette houdt .... uitgaan en uitslapen.

g. Welkom .... de cursus Nederlands!

h. Wij wonen .... een hotel.

i. Hou je nog .... mij?

j. Paul de Winter heeft een dochtertje en drie honden en komt .... Antwerpen.

4 **Tegenstellingen** *(Gegensätze)*

Was gehört zusammen?

1. groot	a. lelijk
2. moeilijk	b. verleden
3. mooi	c. klein
4. heden	d. weinig
5. veel	e. langzaam
6. snel	f. makkelijk

5 Zum Ende der Lektion stellen wir Ihnen wieder ein paar Fragen. Diesmal haben wir es Ihnen leichter gemacht: Es sind schon mögliche Antworten vorgegeben, Sie müssen nur noch die zutreffende ankreuzen.

a. Is Amsterdam de hoofdstad van Nederland?
◆ Ja ◆ Nee ◆ Ik weet het niet.

b. Wonen in Nederland 18 miljoen mensen?
◆ Ja ◆ Nee ◆ Geen idee.

c. Spreken ze in België ook Duits?
◆ Ja ◆ Nee ◆ Ik heb geen idee.

d. Is Belgisch bier lekker?
◆ Ja ◆ Nee ◆ Geen idee.

e. Ligt de Randstad in het noorden van Nederland?
◆ Ja ◆ Nee ◆ Ik weet het niet.

f. Is het Nederlands een zustertaal va het Duits?
◆ Ja ◆ Nee ◆ Ik weet het niet.

g. Ligt Brussel in het nederlandstalige deel van België?
◆ Ja ◆ Nee ◆ Ik heb geen idee.

Zum Aufbau dieses Lehrwerks: in den ersten drei Lektionen dienen die Texte der Einführung, der Vorbereitung auf die „eigentlichen" Texte der Lektionen 4 bis 20. Wir haben das so gemacht, damit wir Ihnen einiges an Wörtern und Namen schon vorab erklären können. Auch möchten wir Ihnen in den ersten drei Lektionen grundlegende Informationen zur Sprache und Landeskunde geben, deren Kenntnis wir später voraussetzen.

In dieser dritten Einführungslektion lernen Sie etwas „Survival-Niederländisch", Niederländisch zum Überleben: Buchstabieren, Zahlen, Verständigungsschwierigkeiten klären.

NEDERLANDS OM

A: De volgende!
B: Ik...
A: Wat is uw naam?
B: Schmidt. Maar...
A: Hoe zei u? Smid?
B: Nee, Schmidt!
A: Kunt u dat even spellen?
B: Ja! S C H M I D T. Maar ik...
A: Goed. Uw naam heb ik opgeschreven. Adres?
B: Hooglandse Kerkgracht 88b in Leiden.
A: U hebt toch zeker wel een postcode hè?
B: 2313 CQ. Maar hoezo ...
A: En wat is uw geboortedatum?
B: Hoe bedoelt u? Waarom wilt u dat weten?
A: Nou, wanneer bent u geboren? Of weet u dat soms niet?
B: 24 april 1965.
A: Staat genoteerd. En nu uw telefoonnummer nog.
B: 070-340 62 85.
A: Kunt u dat nog een keer zeggen, alstublieft. Maar wel een beetje langzamer hoor.
B: 0 7 0 - 3 4 0 6 2 8 5.
A: Hèhè! Meneer Schmidt, wat kan ik voor u doen?
B: Ik wil eigenlijk alleen maar weten hoe laat het is.
A: O, zeg dat dan meteen. Kijk, daar hangt een klok.
B: Wat zegt u?

TE OVERLEVEN

Neue Wörter und Ausdrücke

om te overleven	zum Überleben
de volgende	der nächste
ik	ich
de naam	der Name
Wat is uw naam?	Wie ist Ihr Name?
maar	aber
Hoe zei u?	Wie sagten Sie?
nee	nein
spellen	buchstabieren
Kunt u dat even spellen?	Könnten Sie das bitte buchstabieren?
uw naam heb ik opgeschreven	Ihren Namen habe ich aufgeschrieben
het adres	die Anschrift
de postcode	die Postleitzahl
U hebt toch zeker wel een postcode, hè?	Sie haben doch sicherlich eine Postleitzahl, nicht?
hoezo	wieso
de geboortedatum	das Geburtsdatum
Wat is uw geboortedatum?	Was ist Ihr Geburtsdatum?
Hoe bedoelt u?	Wie meinen Sie?
waarom	warum
Waarom wilt u dat weten?	Warum wollen Sie das wissen?
wanneer	wann
Nou, wanneer bent u geboren?	Na ja, wann sind Sie geboren?
Of weet u dat soms niet?	Oder wissen Sie das etwa nicht?
staat genoteerd	ich habe es aufgeschrieben (*wörtl.* steht notiert)
het telefoonnummer	die Telefonnummer
en nu uw telefoonnummer nog	und jetzt noch Ihre Telefonnummer
zeggen	sagen
Kunt u dat nog een keer zeggen?	Können Sie das noch einmal sagen?
maar wel een beetje langzamer hoor	aber ein bisschen langsamer

hèhè	*Ausruf* (*s. Erklärung 5*)
doen	tun
Wat kan ik voor u doen?	Was kann ich für Sie tun?
eigenlijk	eigentlich
weten	wissen
ik wil eigenlijk alleen maar weten	ich will eigentlich nur wissen
hoe laat het is	wie spät es ist
O, zeg dat dan meteen!	Ach so, dann sagen Sie das doch gleich!
de klok	die Uhr
Kijk, daar hangt een klok.	Schauen Sie, dort hängt eine Uhr.
Wat zegt u?	Was sagen Sie?

zu Erklärung 2

geboren zijn	geboren werden
jarig zijn	Geburtstag haben

zu Erklärung 4

januari	Januar
februari	Februar
maart	März
april	April
mei	Mai
juni	Juni
juli	Juli
augustus	August
september	September
oktober	Oktober
november	November
december	Dezember

Erklärungen

1 Die Grundzahlen

1	een, één
2	twee
3	drie
4	vier
5	vijf
6	zes
7	zeven
8	acht
9	negen
10	tien
11	elf
12	twaalf
13	dertien
14	veertien
15	vijftien
16	zestien
17	zeventien
18	achttien
19	negentien
20	twintig
21	eenentwintig
22	tweeëntwintig
23	drieëntwintig
24	vierentwintig
25	vijfentwintig
26	zesentwintig
27	zevenentwintig
28	achtentwintig
29	negenentwintig
30	dertig
40	veertig
50	vijftig
60	zestig
70	zeventig
80	tachtig
90	negentig
100	honderd
103	honderddrie
200	tweehonderd
300	driehonderd
1000	duizend
1005	duizendvijf
1010	duizendtien
2000	tweeduizend
2200	tweeëntwintighonderd *oder* tweeduizendtweehonderd
2800	achtentwintighonderd *oder* tweeduizendachthonderd
100.000	honderdduizend
1.000.000	een miljoen *oder* één miljoen
2.000.000	twee miljoen

Beachten Sie: drie – dertien – dertig, vier – veertien – veertig, acht – achttien – tachtig.

2 Das Datum

Ik ben geboren **op** 24 april 1975.
Ich bin am 24. April 1975 geboren.
Ik **ben jarig** op 24 april.
Ich habe am 24. April Geburtstag.
Wanneer bent u jarig? Ik ben jarig op …
Wann haben Sie Geburtstag? Ich habe Geburtstag am …
En in welk jaar bent u geboren? Ik ben geboren in …
Und in welchem Jahr sind Sie geboren? Ich bin geboren im Jahre …

3 Die Jahreszahlen:

So werden sie ausgesprochen:

1632	zestientweeëndertig *oder* zestienhonderdtweeëndertig
1810	achttientien *oder* achttienhonderdtien
1980	negentientachtig *oder* negentienhonderdtachtig
2001	tweeduizendeen
2004	tweeduizendvier
2010	tweeduizendtien

Erklärungen

4 So heißen die Monate auf Niederländisch:

januari	*juli*
februari	*augustus*
maart	*september*
april	*oktober*
mei	*november*
juni	*december*

5 Typisch niederländische Ausrufe und Füllwörter sind:

Maar wel een beetje langzamer **hoor**!

Hoor steht in Aufforderungen am Ende des Satzes und entspricht in etwa dem deutschen *bloß*. **Hoor** verleiht der Aussage Nachdruck und wird deshalb oft in Warnungen, Befehlen und Zusicherungen verwendet: **Pas goed op hoor!** *Pass bloß gut auf!*

U hebt toch zeker wel een postcode **hè**?

Hè, am Ende eines Satzes platziert, signalisiert eine Bitte um Zustimmung, um Einverständnis. Es entspricht in etwa unserem „Nicht wahr?" **Goed he! Ja, vind ik ook.** *Gut, nicht wahr! Ja, finde ich auch.*

A: 0 7 0 3 4 0 6 2 8 5. B: **Hèhè**!

Das langgezogene **hèhè** ist ein genussvoller Ausruf nach einer längeren Anstrengung oder nachdem man Geduld geübt hat: **Hèhè, eindelijk zitten we!** *Aaah, endlich sitzen wir!*

O, zeg dat dan meteen!

Das langgedehnte **O** hat mehrere Bedeutungen und ist meistens ein Ausdruck der Überraschung, dem deutschen „Ach so!" ähnlich: **O, zit dat zo!** *Ach so, so ist (sitzt) das!*

Übungen

1 Hören Sie sich das niederländische Alphabet an und üben Sie die Aussprache

A	B	C	D	E	F	G	H	I
J	K	L	M	N	O	P	Q	R
S	T	U	V	W	X	IJ	Z	

2 Beim **Koniginnedag** am 30. April, an dem der Geburtstag von Königinmutter Juliana und der Krönungstag von Königin Beatrix gefeiert wird, haben Sie eine Reihe netter Leute kennen gelernt, mit denen Sie in Kontakt bleiben möchten. Die Personen geben Ihnen ihre Telefonnummer. Hören Sie zu und notieren Sie die Nummern.

a. Addie Grootsma ....

b. Jaap Jansens ....

c. Sonja Elewaut ....

d. Hans Smits ....

e. Arie 't Holt ....

f. Henrik-Jan Mulders ....

g. Wim van Bussum ....

h. Antje Helderbos ....

i. Tjipko Fokkema ....

3 Rekenles *Rechenstunde* – auf Niederländisch natürlich!

Beispiel:
$2 + 2 \div 2 \times 2 - 2 = 2$
Twee plus twee gedeeld door twee maal twee min twee is twee.

$(12 + 6) \div 9 \times 10 - 2 = 18$
$80 + 10\% = 88$
$30 \div 3 + 3 = 13$
$(7 \times 14 + 2) \div 4 = 25$

4 Es ruft ein entfernter Verwandter aus den Niederlanden an, der Ahnenforschungen betreibt. Sie teilen ihm im Klartext folgende Geburtsdaten mit:
Beispiel:
Gerda de Boer, 12-12-1958
Gerda de Boer is geboren op twaalf december negentienachtenvijftig.

Johanna de Vries, 28-9-1910
Bert Schaffelaar, 10-10-1936
Floor Meinkema, 21-1-1961
Hanneke Diepman, 1-2-1971
Gerard Nooteboom, 15-5-1974
Ciske Geertsema, 6-6-1993
Dominique Rijnders, 4-7-2000

5 Lesen Sie die Visitenkarten und beantworten Sie dann die Fragen:

Jan Van Dam
Marktstraat 15
7511 GC Enschede
053-287 1556

a. Wie woont er in de Markstraat 15 in Enschede?

Reisbureau
Holland Reizen
Texelstraat 49
1506 ZB Zaandam
075-661 7617

b. Kent u de postcode van het reisbureau „Holland Reizen"?

Het Vogelparadijs
Dierenbenodigdheden
en -verkoop
Adelaarsweg 155
1021 CC Amsterdam
020-761 6552

c. Welk telefoonnummer heeft "Het Vogelparadijs" in Amsterdam?

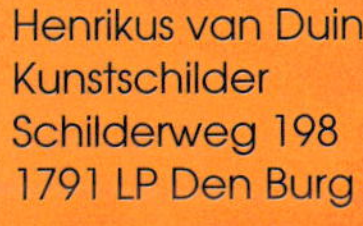

Henrikus van Duin
Kunstschilder
Schilderweg 198
1791 LP Den Burg

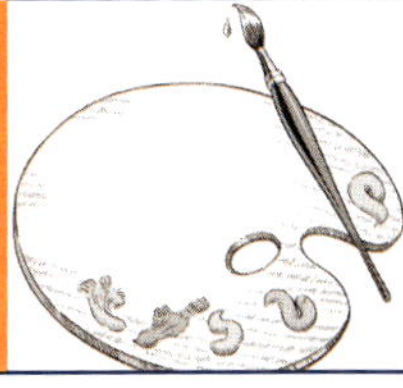

d. Wat ist het adres van de kunstschilder "Henrikus van Duin"?

Aquafish BV
Vis- en visproducten
Kabeljauwsteeg 16
2311 CZ Leiden
071-412 6463

e. Welk telefoonnummer heeft de firma „Aquafish"?

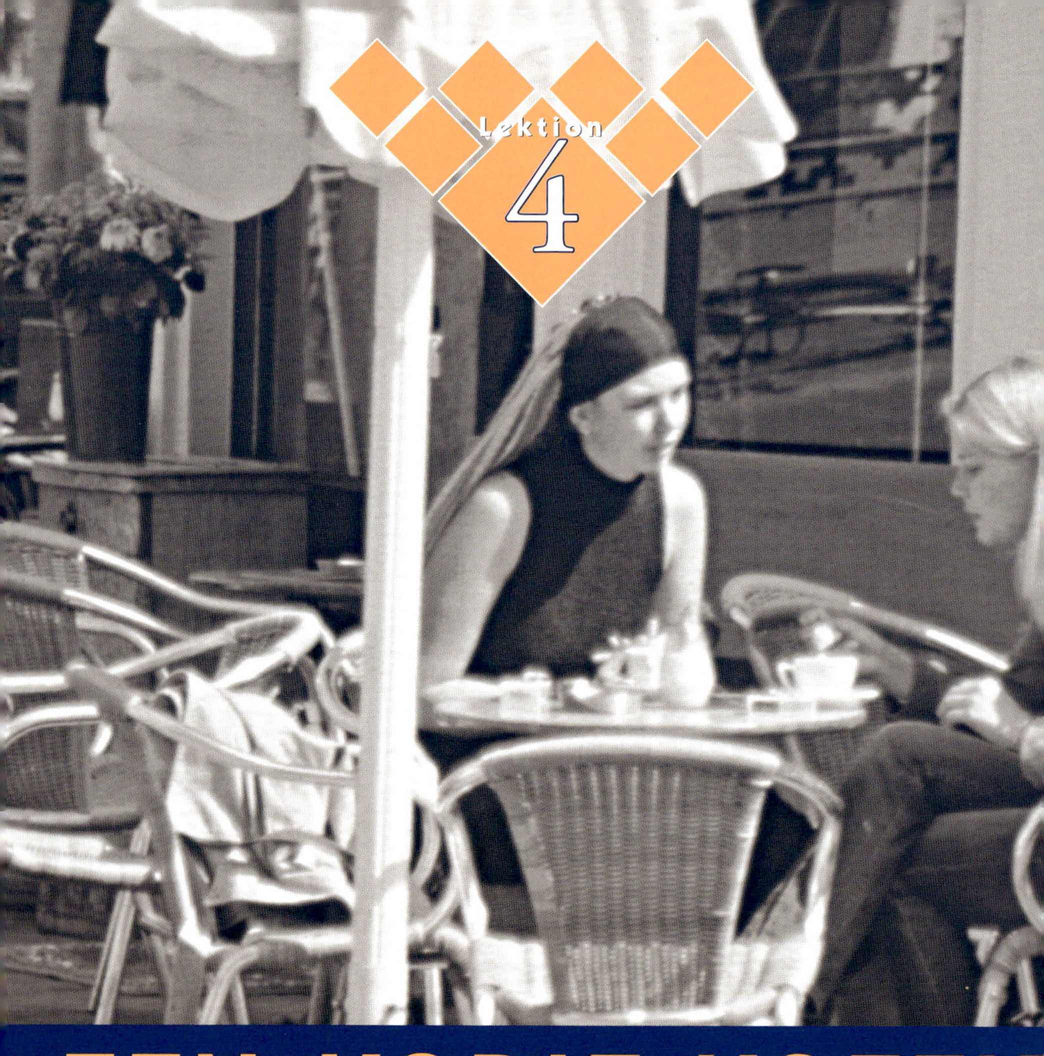

EEN KOPJE KOFFIE

Ein niederländisches **Café** ist eine Art Kneipe, wo man außer Erfrischungsgetränken auch **koffi** serviert (während ein **koffieshop** vor allem den Drogentouristen zusagt). Koffie ist in den Nied landen der Muntermacher Nummer Eins, ob zum Frühstück, zur **koffiepauze** um 10 Uhr vorr tags oder nach dem Abendessen. **Op de koffie gaan** *zum Kaffeetrinken vorbeikommen* ist unter V wandten, Freunden und guten Nachbarn ein beliebtes soziales Vergnügen. **Een kopje koffie** schmeckt auch nach einem anstrengenden Einkaufsbummel in der Innenstadt, am liebsten **met ee stukje appeltaart** *mit einem Stück Apfelkuchen*. **Met of zonder slagroom?** *Mit oder ohne Sahn* Auch Loes besucht ihre Freundin Tineke zum Kaffeetrinken. Hier folgt ein Auszug aus ihrem Gesprä

Loes: Dag Tineke.

Tineke: Hoi Loes. Kom binnen. Hoe gaat het met je?

Loes: Goed hoor. En met jou?

Tineke: Ook prima. Een beetje druk hè. Leuk dat je komt. Gezellig. Ik ben alleen thuis.

Loes: Alleen? Waar is iedereen?

Tineke: Jan is op zakenreis in België. Hij komt zaterdag terug. Ga zitten. Wil je koffie?

Loes: Ja lekker. En waar is Gerda?

Tineke: Die is met haar nieuwe vriend een weekend naar Duitsland, naar Berlijn. Daar komt hij vandaan, hij is Duitser. Een aardige jongen trouwens. Woont al vier jaar in Nederland en spreekt perfect Nederlands.

Loes: Knap hoor!

Tineke: Zeker. Maar hoe gaat het eigenlijk met Joke? Gaan jullie weer op vakantie naar Frankrijk?

Loes: Ja, precies. We vertrekken zondag.

Tineke: Heerlijk!

Neue Wörter und Ausdrücke

Erinnern Sie sich noch an unsere Tipps für das Lernen der neuen Wörter? Sie finden sie auf den Seiten 3 und 4.

het kopje	das Tässchen
de koffie	der Kaffee
dag!	Hallo!
hoi	hallo
komen	kommen
kom binnen	komm herein
gaan	gehen
Hoe gaat het met je?	Wie geht es dir?
goed	gut
goed hoor	ja, gut
en met jou?	und (wie geht es) dir? (*wörtl.:* und mit dir)
ook	auch
prima	prima
een beetje druk	ein bisschen viel zu tun
leuk dat je komt	schön, dass du vorbeikommst
gezellig	nett, gemütlich
alleen	alleine
thuis	zu Hause
Waar is iedereen?	Wo sind alle?
de zakenreis	die Geschäftsreise
terugkomen	zurückkommen
de zaterdag	der Samstag
ga zitten	setz dich
Wil je koffie?	Möchtest du Kaffee?
ja lekker	ja, gerne
die	die (*hinweisendes Fürwort)*
de vriend	der Freund
met haar nieuwe vriend	mit ihrem neuen Freund
het weekeinde, het weekend	das Wochenende
naar	nach
Duitsland	Deutschland
Berlijn	Berlin
daar ... vandaan	von dort, dort ... her
de Duitser	der Deutsche
aardig	nett, lieb
de jongen	der Junge
trouwens	übrigens
woont	wohnt
wonen	wohnen
al vier jaar	schon vier Jahre
in Nederland	in den Niederlanden
perfect	perfekt
spreekt perfect Nederlands	spricht perfekt Niederländisch
Knap hoor!	Klasse!
zeker	sicher, klar
de vakantie	der Urlaub
Gaan jullie op vakantie?	Fahrt ihr in Urlaub?
weer	wieder
Frankrijk	Frankreich
precies	genau
vertrekken	abreisen, abfahren
de zondag	der Sonntag
we vertrekken zondag	wir fahren am Sonntag los

Erklärungen

1 **Hallo**, **hoi** und **dag** sind vielbenutzte **Begrüßungswörter**. **Dag** ist in allen Situationen einsetzbar, während **hallo**, ähnlich wie im Deutschen, eher Bekannten und Freunden vorbehalten bleibt. Es empfiehlt sich, nach **dag** oder **hallo** den Namen der angesprochenen Person zu nennen. **Hoi** ist bei Jugendlichen beliebt, auch als Verabschiedungsform. Die Abschiedsformeln lernen Sie in Lektion 6 kennen.

Nachdem Sie jemanden begrüßt haben, können Sie ihn nach dem Befinden fragen:

Hoe gaat het met u?	*Wie geht es Ihnen?*
Hoe gaat het met je?	*Wie geht es dir?*
Hoe gaat het ermee?	*Wie geht's? (informell)*
Hoe is het ermee?	*Wie ist's? (umgangssprachlich)*

Darauf wird man Ihnen wahrscheinlich antworten:

Goed.	*Gut.*
Goed, en met u?	*Gut, und Ihnen?*
Goed, en met jou?	*Gut, und dir?*
Het gaat wel.	*Es geht so.*

2 Diese zwei Verben finden Sie fast vollständig im Text wieder. Zusätzlich stellen wir Ihnen hier alle **Personalpronomen** vor:

		gaan	zijn
ich	**ik**	ga	ben
du	**jij/je**	gaat	bent
er/sie/es	**hij, zij/ze, het**	gaat	is
Sie	**u**	gaat	bent
wir	**wij/we**	gaan	zijn
ihr	**jullie**	gaan	zijn
sie	**zij/ze**	gaan	zijn

3 Im Gegensatz zum Deutschen gibt es im Niederländischen für einige Pronomina **betonte und unbetonte Formen**. Die unten stehende Tabelle enthält eine Übersicht der verschiedenen Formen.

Betonte Form:		*Unbetonte Form:*	
Subjekt	*Objekt*	*Subjekt*	*Objekt*
ik	mij	'k	me
jij	jou	je	je
hij	hem	ie	'm
zij	haar	ze	d'r
het	het	't	't
wij	ons	we	–
jullie	jullie	–	–
zij	hen	ze	–

Die unbetonten Formen mit Apostrophe ('k, 'm, d'r und 't) werden in der Regel nicht geschrieben, sondern sind umgangssprachlich. Die anderen **unbetonten Formen** werden auch in der geschriebenen Sprache verwendet.

Die **betonten Formen** werden verwendet, wenn das Pronomen im Satz betont werden soll, wenn also angedeutet werden soll, dass man (nur) die genannte Person meint und keine andere.

Ik heb niets gezegd.
Ich habe nichts gesagt (er schon!).
Heb jij dat gezien?
Hast du das gesehen? (du persönlich?)
Ik praat met jou.
Ich rede mit dir. (nicht mit ihm!).
Wij hebben geen tijd.
Wir haben keine Zeit (sie vielleicht schon).

Ansonsten oder wenn ein anderes Wort im Satz betont wird, verwendet man die unbetonten Formen, zum Beispiel:
Heb je dat gezien? *Hast du das gesehen?*
We hebben nu geen tijd.
Wir haben jetzt keine Zeit (morgen vielleicht schon).

Erklärungen

4 Die Präsensformen von **komen, wonen, spreken, vertrekken**

	komen	wonen
ik	kom	woon
jij	komt	woont
hij/zij/het	komt	woont
wij	komen	wonen
jullie	komen	wonen
zij	komen	wonen

	spreken	vertrekken
ik	spreek	vertrek
jij	spreekt	vertrekt
hij/zij/het	spreekt	vertrekt
wij	spreken	vertrekken
jullie	spreken	vertrekken
zij	spreken	vertrekken

5 Der Imperativ wird unkompliziert gebildet: Man nimmt einfach den Stamm des Verbes (Infinitiv ohne **-en**). Dabei sollte man allerdings die Rechtschreibregeln beachten (siehe Lektion 6 und 17). Diese Form wird für den Singular und für den Plural verwendet.

rennen
Jan, ren toch niet zo snel!
Jan, renne doch nicht so schnell!

wachten
Kinderen, wacht eens even!
Kinder, wartet mal!

Der Imperativ der Höflichkeitsform **u** *(Sie)* wird gebildet wie im Deutschen: Man nimmt die normale Verbform und hängt das Pronomen an.

drukken (u drukt)
Drukt u even op de knop!
Drücken Sie mal auf den Knopf!

helpen (u helpt)
Helpt u me toch! *Helfen Sie mir doch!*

Wenn man aus einer Gruppe von Zuhörern eine einzelne Person oder einzelne Personen hervorheben möchte, kann man, genauso wie im Deutschen, im Imperativ das (betonte) Pronomen **jij** *(du)* oder **jullie** *(ihr)* verwenden. Wie bei der Höflichkeitsform wird das Pronomen dann hinter das Verb gestellt. (Denken Sie daran, dass das Endungs-**t** entfällt, wenn das Pronomen **jij** hinter dem Verb steht!) Diese Form verwendet man meistens, wenn man verärgert ist.

wachten
Wacht jij maar tot we weer thuis zijn!
Warte du bloß, bis wir wieder zu Hause sind!

zeggen
Zeg jij maar beter niets meer!
Sag du bloß nichts mehr!

zwijgen
Zwijgen jullie nu eens eindelijk!
Schweigt ihr jetzt endlich mal!

Genauso wie im Deutschen kann man den Imperativ, der einen recht direkten Befehl ausdrückt, etwas mildern, indem man bestimmte Modalpartikel verwendet. Im Niederländischen sind das **eens, even, maar** und **toch**.

Kom eens hier.	*Komm mal her.*
Denk even na.	*Denk mal nach.*
Neem het maar mee.	*Nimm es ruhig mit.*
Blijft u toch zitten.	*Bleiben Sie doch sitzen.*

Diese Partikel können auch kombiniert werden:
Help me eens even.
Hilf mir mal eben.
Kom toch eens even hier.
Komm doch mal eben her.

Übungen

1 Beantworten Sie die folgenden Fragen zum Text.

a. Met wie spreekt Tineke?
b. Waar is Jan?
c. Wie is Duitser?
d. Met wie gaat Loes naar Frankrijk?

2 Bilden Sie mit den folgenden Satzteilen niederländische Sätze.

a. man – op zakenreis – van Tineke – in België – is – de
b. ik – getrouwd – met – ben – een politieagent
c. toerisme – hij – in – Amsterdam – studeert
d. hoofdstad – Amsterdam – is – de

3 Setzen Sie die Wörter ein.

in, met, naar, op, te, uit, van, zonder

a. Zij komt .... Duitsland en hij .... België.
b. Ik ben Kees, ik kom .... Amsterdam, en ik woon .... Rotterdam.
c. We gaan .... vakantie .... Nederland.
d. Joke is .... zakenreis .... Amerika.
e. Hoe gaat het .... je? Prima, en .... jou?
f. Ik hou .... koffie, ... vakantie en .... jou!

4 Hören Sie sich die folgenden Wörter auf der CD an und sprechen Sie sie nach:

a. naam maar jaar talen graag waar aardig gaat
b. dag wat als van fantastisch
c. mooi zo woon ook
d. kom hoi hobby op
e. uit thuis Duitsland Duits
f. Winterswijk Frankrijk kijken hij
g. beetje alleen iedereen weer
h. gezellig lekker zeker Nederland vertrekken

5 Setzen Sie die richtige Form des eingeklammerten Verbs ein.

a. .... (zijn) je Duitser?
b. Hoe lang .... (wonen) hij al in Nederland?
c. U .... (spreken) goed Nederlands.
d. Waar .... (gaan) je heen?
e. Ik .... (zijn) verliefd op een politieagent.
f. Wanneer .... (vertrekken) jullie?

6 Übersetzen Sie.

a. Wie geht es dir? Gut, und dir?
b. Ich bin allein zu Hause.
c. Wo ist Jan? Er ist in Belgien.
d. Wann kommt er zurück?
e. Woher kommt Hans? – Aus Berlin.
f. Wohin fahrt ihr in Urlaub?
g. Fahrt ihr am Samstag los?

AANKOMST IN

Routine-Anmeldung (**inchecken**) im Hotel. Einzelheiten – Name, Zimmertyp, Aufenthaltsdauer usw. – wurden bereits bei der telefonischen oder schriftlichen Reservierung im Hotelcomputer gespeichert. Das erleichtert das Gespräch.

Receptioniste: **Goedemiddag. Wat kan ik voor u doen?**
Wouter Huizinga: **Dag mevrouw. Huizinga is de naam. Ik heb een kamer gereserveerd.**
Receptioniste: **Een ogenblikje alstublieft. Ja, ik zie het al. U hebt een fax gestuurd, nietwaar? Een éénpersoonskamer voor drie nachten. Klopt dat?**
Wouter: **Juist.**
Receptioniste: **Wilt u dan even dit formulier invullen?**
Wouter: **Natuurlijk.**

HET HOTEL

(*Er füllt das Formular aus.*)
Zo!

Receptioniste: Prima! Hoe wilt u betalen, contant, met cheque of met kredietkaart?

Wouter: Met kredietkaart graag. (*Er überreicht eine Kreditkarte.*) Alstublieft.

Receptioniste: Dank u. Wilt u dan hier even uw handtekening zetten? Hier is de sleutel. U hebt kamer nummer 588. Met de lift naar boven en dan naar links. De weg wijst zich vanzelf.

Wouter: Mooi. O ja, tot hoe laat kan ik eigenlijk ontbijten?

Receptioniste: Van half zeven tot negen uur.

Wouter: Fijn. Dank u wel.

Receptioniste: Niets te danken. Ik wens u een prettig verblijf toe, meneer Huizinga.

Neue Wörter und Ausdrücke

de aankomst	die Ankunft
aankomst in het hotel	Ankunft im Hotel
de receptioniste	die Rezeptionistin
goedemiddag	guten Tag *(wird nur am Nachmittag verwendet)*
mevrouw	Frau (*als Anrede meist unübersetzt)*
de kamer	das Zimmer
ik heb een kamer gereserveerd	ich habe ein Zimmer reserviert
het ogenblik(je)	der Augenblick
alstublieft	bitte (*beim Siezen*)
ja, ik zie het al	ja, ich sehe es schon
u hebt een fax gestuurd	Sie haben ein Fax geschickt
nietwaar?	nicht wahr?
de éénpersoonskamer	das Einzelzimmer
de nacht	die Nacht
voor drie nachten	für drei Nächte
Klopt dat?	Stimmt das?
juist	richtig
het formulier	das Formular
invullen	ausfüllen
Wilt u even dit formulier invullen.	Bitte füllen Sie dieses Formular aus.
betalen	bezahlen
contant	bar
de cheque	der Scheck
de creditcard, de kredietkaart	die Kreditkarte
dank u	danke
de handtekening zetten	unterschreiben (*wörtl.:* die Unterschrift setzen)
de sleutel	der Schlüssel
u hebt kamer 588	Sie haben Zimmer 588
de lift	der Lift, Fahrstuhl
met de lift naar boven	mit dem Fahrstuhl nach oben
en dan naar links	und dann nach links
de weg	der Weg
de weg wijst zich vanzelf	man kann es nicht verfehlen (*wörtl.:* der Weg zeigt sich von selbst)
tot hoe laat	bis wie viel Uhr
ontbijten	frühstücken
u kunt	Sie können
van half zeven tot negen uur	von halb sieben bis neun
fijn	fein, schön
dank u	danke *(wörtl.:* danke Ihnen)
fijn, dank u wel	schön, herzlichen Dank
danken	danken
niets te danken	nichts zu danken
het verblijf	der Aufenthalt
ik wens u een prettig verblijf	ich wünsche Ihnen einen angenehmen Aufenthalt
meneer	Herr

Erklärungen

1 **Goedemiddag** sagt man (nach)mittags. Merken Sie sich bitte auch die **Grußformeln** für die anderen Tageszeiten:

goedemorgen	*guten Morgen*
goedenavond	*guten Abend*
goede nacht	*gute Nacht*

Es hört sich so richtig Niederländisch an, wenn Sie das **d** von **goede** wie **j** aussprechen!
Wenn man sich nachts von guten Bekannten verabschiedet, sagt man gerne **welterusten** (*schlaf schön. wörtl. wohl zur Ruhe*) oder **slaap lekker** (*schlaf schön*).

2 *Haben* wird im Niederländischen durch **hebben** ausgedrückt:

ik heb	wij hebben
jij hebt/heb jij?	jullie hebben
hij/zij/het heeft	zij hebben
u hebt/u heeft	

3 Auch in diesem Text tauchen **de**- und **het**-Wörter auf (vgl. S. 23). Ergänzen Sie:

.... hotel	.... naam
de kamer	de fax
het formulier	de cheque
de kredietkaart	.... sleutel
.... lift	.... weg
het verblijf	

Das Wort **het** bedeutet im Niederländischen auch es: **Ja, ik zie het al.** (*Ja, ich sehe es schon.*); **Hoe gaat het met je?** (*Wie geht es dir?*)

4 **Beleefdheid** (*Höflichkeit*). Sie können in dieser Lektion beobachten, wie zwei Unbekannte höflich miteinander kommunizieren. Die **Höflichkeitssignale** in diesem Gespräch sind u. a.:

u	Sie
alstublieft	*bitte*
graag	*bitte/gerne*
dank u (wel)	*danke schön*
niets te danken	*nichts zu danken*
even	*(Füllwort in Bitten)*

Die dazu passenden **Anredeformen** sind **meneer** und **mevrouw. Dag mevrouw. Dag, meneer Huizinga**.
Wenn man den Namen des Gesprächspartners nicht kennt, kann man diese Formen ohne Nachnamen benutzen. Das ist bequem, wenn man die Aufmerksamkeit Unbekannter auf sich lenken will. Dann kann man etwa sagen: **Pardon meneer!** *Entschuldigung bitte*! oder: **Zeg mevrouw**... *Hören Sie bitte*...

5 Im Niederländischen werden viele englische Begriffe verwendet, z. B. *creditcard, sorry, mixer, bestseller*. Aber es werden auch neue Wörter ersonnen wie **tekstverwerker** für *wordprocessor*, **muis** für *mouse* und **toetsenbord** für *keyboard*.
In der Reklame ist die Verwendung englischer Lehnwörter bereits weit fortgeschritten. Auffällig ist, dass in den Niederlanden, anders als in den umliegenden Ländern, der überwiegende Anteil der amerikanischen Reklamespots nicht übersetzt wird. Ob wirklich jeder die Spots versteht, ist fraglich.

1 **De of het?** Tragen Sie folgende Wörter in die richtige Spalte ein. Die Lösung finden Sie auf jeden Fall im Wörterverzeichnis, aber noch besser ist es, erst im Text nachzuschauen.

a. sleutel – kamer – hotel – lift – camping
b. politieagent – receptioniste – quizmaster – kandidaat
c. fiets – auto – bus – tram – trein – metro – vliegtuig
d. fax – telefoon
e. land – stad – dorp
f. les – taal – Nederlands
g. naam – geboortedatum – adres – postcode

de	**het**
....	....
....	....
....	....
....	....
....	....
....	....
....	....
....	....
....	....
....	....
....	....
....	....
....	....
....	....
....	....
....	....
....	....
....	....
....	....
....	....
....	....
....	....

2 **Hebben, heeft, heb, hebt?** Setzen Sie die richtige Form des Verbs **hebben** ein.

a. Dag mevrouw. .... u nog een tweepersoonskamer voor twee nachten?

b. .... u gereserveerd?

c. Nee, ik .... niet gereserveerd.

d. .... dit hotel een lift?

e. Ja, we .... hier twee liften.

f. Gerda, ... je een leuke kamer?

g. Ik .... een probleem, ik .... mijn sleutel verloren. .... jullie een reservesleutel?

3 **Positief denken!** *Positiv denken!* Kennen Sie die Bedeutung der folgenden Wörter?

goed	prima
juist	prettig
natuurlijk	leuk
interessant	dynamisch
fijn	fantastisch

4 **We zijn beleefd, nietwaar?** *Wir sind höflich, nicht wahr?* Das folgende Gespräch ist nicht sehr höflich. Ihre Aufgabe ist es, den Text mit Höflichkeitssignalen zu versehen. Achten Sie insbesondere auf die **u**-Form.

A: Hallo.
Een tweepersoonskamer.
B: Hebben jullie gereserveerd?
A: Ja.
B: Hier, dit formulier invullen.
Heb je geld?
A: Ja, hier. Waar is de kamer?
B: Daar.

5 Hören Sie sich auf der CD den kurzen Dialog an einer Hotelrezeption an. Beantworten Sie dann die Fragen. Wenn es nicht sofort klappt, seien Sie nicht entmutigt. Spielen Sie das Gespräch so oft ab, bis Sie alle Fragen beantworten können. Und – bitte nicht schummeln! Schauen Sie nicht sofort im Lösungsteil nach, wo wir den Text nur zur Überprüfung für Sie abgedruckt haben!

a. Wann kommt der Gast im Hotel an? Morgens, mittags oder abends?
b. Wie heißt er?
c. Wann hat er das Zimmer reserviert?
d. Wie viele Nächte möchte er bleiben?
e. Welche Zimmernummer hat er?

6 Den Wortschatz zum Thema „Hotel" beherrschen Sie ja mittlerweile aus dem Effeff. Es macht Ihnen bestimmt keine Probleme, die niederländischen Entsprechungen der Einsetzwörter anzugeben. Aber schaffen Sie es auch, sie in die richtigen Spalten einzutragen?

Ankunft **Aufenthalt** **ausfüllen** **bar** **bezahlen** **Formular**
frühstücken **Hotel** **Kreditkarte** **Reise** **reserviert**
Rezeptionistin **Scheck** **Schlüssel** **Unterschrift** **Weg**
Zimmer

t w e e p e r s o o n s k a m e r

Lektion 6

Es macht immer Spaß, im Ausland einzukaufen. Und es macht noch mehr Spaß, wenn Sie sich in Flandern oder den Niederlanden mit einfachen Äußerungen auf Niederländisch verständigen können. Gerade **boodschappen doen** *Besorgungen machen, einkaufen* ist eine Tätigkeit, bei der viele stereotype Wendungen beliebt sind. **Alstublieft, dank u wel**!

BOODSCHAPPEN DOEN

Groenteboer: Mensen, vers fruit en verse groente! Een kilo bananen voor maar een euro vijftig. Lekkere sinaasappels! Hele beste peren, zoet en sappig, kilo een euro. Aardappelen ... Mevrouw, wat kan ik voor u doen?

Klant: Vier bananen graag.

Groenteboer: Kijk eens, vier bananen. Anders nog iets?

Klant: Nog een pondje tomaten, onbespoten.

Groenteboer: Zo maar doen? Dit is 550 gram. Ietsje minder, ietsje meer?

Klant: Nee da's goed.

Groenteboer: Dat was het? Goed, even kijken, een euro veertig, een euro vijfentwintig, dat is dan twee euro vijfenzestig alstublieft. Tasje erbij?

Klant: Nee hoor. Hebt u terug van vijftig euro?

Groenteboer: Ai! Hebt u het niet kleiner?

Klant: Nee sorry, het spijt me.

Groenteboer: Geeft niks, mevrouw. Kijkt u eens: twee zeventig, twee tachtig, twee negentig, drie, vijf, tien, dertig, vijftig euro. Alstublieft.

Klant: Bedankt. Daag.

Groenteboer: Tot ziens mevrouw.

Neue Wörter und Ausdrücke

boodschappen doen	einkaufen
de groenteboer	der Gemüsehändler
mensen	Leute
vers	frisch
het fruit	das Obst
de groente	das Gemüse
verse groente	frisches Gemüse
de/het kilo	das Kilo
de banaan	die Banane
een kilo bananen voor maar een euro vijftig	ein Kilo Bananen, nur ein Euro fünfzig
lekker	lecker
de sinaasappel	die Orange, Apfelsine
lekkere sinaasappels	leckere Orangen
de peer	die Birne
hele	sehr, ganz
hele beste peren	sehr schöne Birnen
zoet	süß
sappig	saftig
de aardappel	die Kartoffel
aardappelen	Kartoffeln
de klant	der Kunde
kijk eens	bitte schön
Anders nog iets?	Sonst noch etwas?
het pondje	das Pfund
de tomaat	die Tomate
een pondje tomaten	ein Pfund Tomaten
onbespoten	ungespritzt
Zo maar doen?	So? (*wörtl.*: einfach so tun)
Ietsje minder, ietsje meer?	Etwas weniger, etwas mehr?
nee da's goed	nein, das ist gut so
Dat was het?	Das wäre es?
kijken	sehen, schauen, gucken
even kijken	mal sehen
het tasje	die Tüte
Tasje erbij?	*hier*: Brauchen Sie eine Tüte?
Hebt u terug van vijftig euro?	Können Sie auf 50 Euro herausgeben?
het spijt me	es tut mir Leid
geeft niks	macht nichts
het briefje	die Banknote
bedankt	danke
Daag!	*hier*: Tschüss! Auf Wiedersehen!
Tot ziens!	Auf Wiedersehen!

zu Erklärung 1

de appel	der Apfel
de bloemkool	der Blumenkohl
de paprika	die Paprika(schote), der Paprika

Erklärungen

1 Die zwei häufigsten **Mehrzahlendungen** sind -en und -s:

de appel	de appelen
de bloemkool	de bloemkolen
de paprika	vijf paprika's

Die Endung -s wird benutzt, wenn das Wort auf unbetontem -e (cheque), -er (quizmaster) oder -el (appel) endet.

Die Mehrzahl der Wörter, die auf -i (taxi), -o (auto), -u (accu), -a (paprika) oder -y (hobby) enden, wird mit s gebildet, allerdings mit Apostroph: **taxi's, auto's, accu's, paprika's, hobby's**.

Einige Wörter bekommen nach Zahlwörtern in der Regel nicht die Mehrzahlform: **jaar, uur, euro, cent, gram, pond, kilo.**

Erklärungen

2 Beim Plural auf **-en** sind gewisse Rechtschreibregeln zu beachten. Diese sind bedingt durch die Unterscheidung im Niederländischen zwischen **offenen und geschlossenen Silben** (*s. S. 8*). Sie betrifft alle Wortarten, vor allem die Substantive, Adjektive und Verben.

Ein **lang ausgesprochener Vokal** bleibt immer lang. Für die Schreibung bedeutet das konkret, dass der Vokal in einer geschlossenen Silbe doppelt (**aa, ee, oo** oder **uu**), in einer offenen Silbe einfach (**a, e, o** oder **u**) geschrieben wird, da das Niederländische in offenen Silben – bis auf wenige Ausnahmen – keine Doppelvokale kennt.

Singular/ungebeugt (lang ausgesprochen):	ban**aa**n	ik sl**aa**p	r**oo**d
Plural/gebeugt (lang ausgesprochen):	ban**a**nen	wij sl**a**pen	r**o**de
	Bananen	*wir schlafen*	*rote*

Ein **kurz ausgesprochener Vokal** bleibt immer kurz. Die einzige Möglichkeit, in der niederländischen Rechtschreibung einen kurzen Vokal wiederzugeben, ist ein einfach geschriebener Vokal in einer geschlossenen Silbe. Für die Rechtschreibung bedeutet das konkret, dass die Silbe geschlossen bleiben muss. Falls hinter dem kurzen Vokal nur ein Konsonant steht, muss dieser also verdoppelt werden, um die Silbe geschlossen zu halten.

Singular/ungebeugt (kurz ausgesprochen):	po**t**	ik va**l**	ro**s**
Plural/gebeugt (kurz ausgesprochen):	po**tt**en	wij va**ll**en	ro**ss**e
	Töpfe	*wir fallen*	*rothaarige*

Wenn hinter dem kurzen Vokal zwei oder mehr Konsonanten stehen, werden sie logischerweise nicht verdoppelt: Bei der Silbentrennung bleibt die Silbe automatisch geschlossen: **een bord** **twee borden.**

Übungen

1 Jetzt machen wir ein kleines Zahlendiktat. Schreiben Sie die Zahlen, die Sie hören.

2 Hören Sie ein Gespräch und beantworten Sie dann unsere Fragen. Den Text des Gesprächs und die Übersetzung finden Sie im Lösungsteil.

a. Was kauft der Kunde
b. Was kostet es?

3 Bilden Sie die Mehrzahl und schreiben Sie die Zahlwörter in Buchstaben.

Beispiel:
1 tomaat — 28
een tomaat — ***achtentwintig tomaten***

a. 1 banaan — 13
b. 1 paprika — 5
c. 1 aardappel — 14
d. 1 kilo — 15
e. 1 peer — 7

Lektion 7

FIETSEN HUREN

In den Niederlanden ist **fietsen** (*Rad fahren*) sehr populär. Fast jeder besitzt ein Fahrrad. Durch das weit verzweigte Radwegenetz gibt es auch viel Gelegenheit, Rad zu fahren. Die meisten Hauptstraßen (außer Schnellstraßen und Autobahnen) haben einen gesonderten Radweg, aber auch in den Landschaftsschutzgebieten sind Radwege angelegt, die Sie zu den schönsten Fleckchen führen. Die Niederlande haben viele Radfahrer, aber es ist wohl auch das Land, in dem die meisten Fahrräder gestohlen werden.

Ton: Goedendag, wij willen graag fietsen huren.

Verhuurder: Dat kan, meneer. Een damesfiets en een herenfiets? Heeft u nog bijzondere wensen, versnellingen, tandem, handrem, terugtraprem, kleur?

Ton: Met versnelling en handrem graag. En heeft u ook, hoe heet dat ook alweer, een ... kinderzitje?

Verhuurder: Dat hebben we ook. Voor hoelang wilt u de fietsen huren? Voor vanochtend, vanmiddag of de hele dag?

Ton: Voor de hele dag. We gaan de Maasdalroute fietsen.

Verhuurder: Nou, dan mag u wel doorfietsen. Als u de fietsen voor zes uur vanavond terugbrengt, kost dat vier euro, daarna zeven euro.

Ton: Afgesproken. Kan ik de borgsom met een cheque betalen?

Verhuurder: Ja hoor, dat is goed. Zo, hier zijn ze. Rijdt u maar even een rondje, dan kunnen we het zadel verstellen.

Neue Wörter und Ausdrücke

huren	mieten
wij willen graag fietsen huren	wir möchten gerne Räder ausleihen
de verhuurder	der Verleiher
dat kan	das geht
de damesfiets	das Damenrad
de herenfiets	das Herrenrad
bijzonder	besonder(e)
Heeft u nog bijzondere wensen?	Haben Sie noch besondere Wünsche?
de versnelling	die Gangschaltung
de tandem	das Tandem
de handrem	die Handbremse
de terugtraprem	die Rücktrittbremse
de kleur	die Farbe
Hoe heet dat ook alweer?	Wie heißt das noch mal?
het kinderzitje	der Kindersitz
dat hebben we ook	das haben wir auch
hoelang	wie lange, für wie lange
vanochtend	heute Morgen
vanmiddag	heute Mittag
de hele dag	den ganzen Tag
doorfietsen	zügig fahren; weiter fahren
Nou, dan mag u wel doorfietsen.	Nun ja, dann sollten Sie kräftig in die Pedale treten (*wörtl.:* dann dürfen Sie ...)
terugbrengen	zurückbringen
als u de fietsen voor zes uur vanavond terugbrengt	wenn Sie die Räder vor sechs Uhr heute Abend zurückbringen
kosten	kosten
dat kost	das kostet
daarna	danach
afgesproken	abgemacht
de borgsom	die Kaution
ja hoor	aber sicher, na klar
dat is goed	das ist gut
zo, hier zijn ze	so, hier sind sie
rijden	fahren
het rondje	(kleine) Runde
rijdt u maar even een rondje	fahren Sie mal eine kleine Runde
het zadel	der Sattel
dan kunnen we het zadel verstellen	dann können wir den Sattel verstellen
zu Erklärungen und Übungen	
de snelbinder	der Spanngurt
even kijken	mal sehen

Erklärungen

1 Nachdenken, nach Worten suchen

Hoe heet dat ook al weer? U wilt een fiets met, hoe heet dat ook al weer ... snelbinders.	*Wie heißt das noch mal?* *Sie möchten ein Fahrrad mit, wie heißen die noch mal ... Spanngurten!*
Nou, ... Hoelang is de Maasdalroute? Nou, dat weet ik niet.	*Nun, ...* *Wie lang ist die Maastalstrecke?* *Also, das weiß ich nicht.*
Even kijken, ... U wilt een fiets met snelbinders? Even kijken, hier is er één.	*Mal sehen, ...* *Sie möchten ein Fahrrad mit Spanngurten?* *Mal sehen, hier gibt es eins.*

2 In unserem Lektionstext wird nach der Tageszeit gefragt, zu der die Räder gemietet werden sollen: **Voor hoelang wilt u de fietsen huren? Voor vanochtend, vanmiddag of de hele dag?** *Für wie lange möchten Sie die Räder mieten? Für heute Morgen, heute Nachmittag oder für den ganzen Tag?*
Prägen Sie sich auch die weiteren **Angaben der Tageszeit** ein:

vandaag	*heute*
vanmorgen	*heute Morgen*
vanmiddag	*heute Mittag, heute Nachmittag*
vanavond	*heute Abend*
vannacht	*heute Nacht*

Wat gaan jullie dinsdag doen? 's Morgens gaan we wandelen in Maastricht, en 's middags gaan we de Maasdalroute fietsen. *Was macht Ihr am Dienstag? Morgens werden wir in Maastricht spazieren gehen, und mittags werden wir die Maastalstrecke fahren.*

Statt des Ausdrucks **in de ... (morgen, middag, avond)** wird auch die Konstruktion **'s...** verwendet:

's morgens	*morgens*
's middags	*mittags*
's avonds	*abends*
's nachts	*nachts*

Erklärungen

3 **Die Modalverben** willen, **kunnen** und **mogen** werden, wie die übrigen Modalverben im Niederländischen, unregelmäßig konjugiert.

Wenn ein Modalverb zusammen mit einem anderen Verb im Satz steht, ist dies stets ein Infinitiv.

Wij **willen** de Maasdalroute **fietsen**.
Wir wollen die Maastalstrecke fahren.
Kan ik met een cheque **betalen**? *Kann ich mit Scheck bezahlen?*
U **mag** wel even een rondje **rijden**.
Sie dürfen mal eine kleine Runde fahren.

willen *wollen*

ik	wil
jij	wilt/wil
u	wilt/wil
hij, zij, het	wil
wij	willen
jullie	willen
zij	willen

kunnen *können*

ik	kan
jij	kunt/kan
u	kunt/kan
hij, zij, het	kan
wij	kunnen
jullie	kunnen
zij	kunnen

Kunnen lässt sich auch selbstständig verwenden in der Bedeutung *gehen, möglich sein*.

Kan ik met een cheque betalen?
Dat kan, meneer. *Das geht.*

mogen *dürfen*

ik	mag
jij	mag
u	mag
hij, zij, het	mag
wij	mogen
jullie	mogen
zij	mogen

Mag ik dat boek even gebruiken?
Darf ich das Buch mal benutzen?
Wij **mogen** hier niet fietsen.
Wir dürfen hier nicht Rad fahren.

Vorsicht! Verwechseln Sie nicht **mogen** mit dem deutschen **mögen**. Wissen Sie noch, was **mögen** auf Niederländisch heißt? Wir hatten es in Lektion 1: **houden van**.
Oft wird unser **mögen** aber auch mit **willen** ausgedrückt:

Ik **hou** niet zo **van** spinazie.
Ich mag nicht so gerne Spinat.
Wilt u nog een kopje koffie?
Möchten Sie noch eine Tasse Kaffee?

Übungen

1 Setzen Sie das richtige Modalverb in der passenden Form ein.

a. In mijn land wordt niet gefietst. Ik .... dan ook niet fietsen.

b. .... je hier roken?

c. .... je met mij de Maasdalroute fietsen?

d. Zij .... vanavond niet komen, want hun dochter is jarig.

e. Jullie .... al goed Nederlands spreken.

f. Jij .... dit boek van mij hebben.

g. Wij .... graag in Nederland gaan wonen.

h. .... ik u iets vragen?

i. ....u mij zeggen waar hier een bakker is?

2 Bestimmen Sie, ob die folgenden Wörter **het**- oder **de**-Wörter sind und setzen Sie sie in den Plural.

a. fiets
b. borgsom
c. dag
d. verhuurder
e. sinaasappel
f. peer
g. tomaat
h. kleur
i. tandem
j. terugtraprem
k. rondje

3 Hören Sie sich die folgenden Wörter auf der CD an und sprechen Sie sie nach:

a. vier, iets, fiets, brief
b. huur, stuur, uur
c. dus, druk, kunt
d. wij, vijftig, rijden, reis
e. rem, brengen, dertig, weg
f. peer, weer, spreek, studeer

4 Wissen Sie, wie diese Teile des Fahrrads auf Niederländisch heißen?

Lektion 8

DE WEG VRAGEN

Wenn Sie als Tourist oder geschäftlich in den Niederlanden sind, wird es sich als ganz schön **handig** *praktisch* herausstellen, wenn Sie sich auf Niederländisch durchfragen können.

In dieser Lektion wird erklärt, wie Sie auf Niederländisch jemanden ansprechen, jemanden nach dem Weg fragen, den Weg erklärt bekommen, wie man sich bedankt und wie man aufs „Danken" reagiert.

Museumplein
Leidseplein
Dam
Centraal Station
i-Tourist

Abb. rechts: Im Madurodam von Den Haag finden die Touristen leicht ihren Weg.

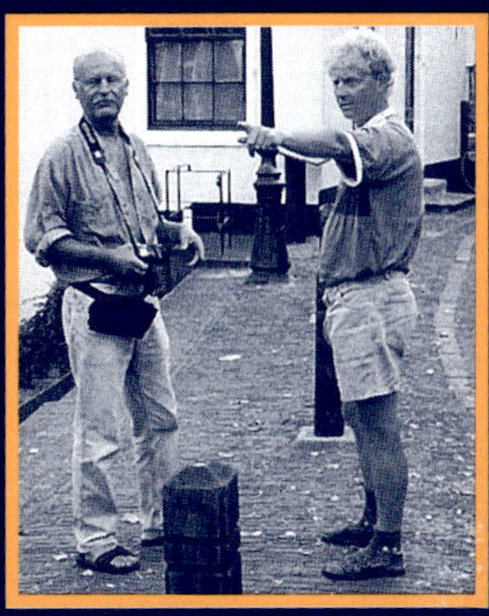

Robert Visser: Pardon meneer, mag ik u even iets vragen?

Jan Boos: Ja hoor.

Robert Visser: Weet u waar het postkantoor is?

Jan Boos: Het postkantoor, even kijken. Dan moet u hier rechtdoor. Ziet u de stoplichten daar?

Robert Visser: Ja.

Jan Boos: Bij de stoplichten steekt u over. U gaat rechtsaf en dan is het na 100 meter aan uw linkerhand.

Robert Visser: Dus ik moet tot aan de stoplichten rechtdoor. Oversteken. Rechtsaf, en dan na 100 meter aan mijn linkerhand.

Jan Boos: Ja precies. Het postkantoor ligt naast een fietsenmaker. Maar nu moet ik gaan, anders mis ik de trein.

Robert Visser: Goed, dank u wel.

Jan Boos: Graag gedaan.

Neue Wörter und Ausdrücke

pardon	entschuldigen Sie, Verzeihung
vragen (vraagt)	fragen
Mag ik u even iets vragen?	Darf ich Sie etwas fragen?
het postkantoor	das Postamt
Weet u waar het postkantoor is?	Wissen Sie, wo das Postamt ist?
rechtdoor	geradeaus
het stoplicht	die Ampel
Ziet u de stoplichten daar?	Sehen Sie die Ampel dort?
bij	bei
oversteken	überqueren
bij de stoplichten steekt u over	bei der Ampel überqueren Sie die Straße
rechtsaf	nach rechts
na 100 meter	nach 100 Metern
aan uw linkerhand	zu Ihrer linken Hand, zu Ihrer Linken
liggen (ligt)	liegen
naast	neben
de fietsenmaker	der Fahrradhändler
moeten	müssen
maar nu moet ik gaan	aber jetzt muss ich gehen
missen	verpassen
anders mis ik de trein	sonst verpasse ich den Zug
dank u wel	vielen Dank
graag gedaan	gern geschehen

Erklärungen

1 Im Text **fragt** Robert Visser Jan Boos: **Weet u waar het postkantoor is?** Andere Möglichkeiten, **nach dem Weg** zu **fragen**, sind:

Waar kan ik hier een postkantoor vinden?
Wo kann ich hier ein Postamt finden?
Kunt u me zeggen waar het postkantoor is?
Können Sie mir sagen, wo das Postamt ist?
Bent u hier bekend? Kunt u me de weg wijzen naar het postkantoor?
Kennen Sie sich hier aus? Können Sie mir den Weg zum Postamt zeigen?

Erklärungen

Hier geben wir Ihnen noch weitere Wendungen, damit Sie jemanden nach dem Weg fragen oder ihm den Weg erklären können:

rechtdoor/rechtuit gaan	*geradeaus gehen*
de 1ste, 2de, straat links/rechts nemen	*die erste, zweite Straße links/rechts nehmen*
aan het eind van deze straat	*am Ende dieser Straße*
aan het begin van deze straat	*am Anfang dieser Straße*
aan uw linkerhand/aan uw linkerkant	*zu Ihrer linken Hand/links von Ihnen*
aan uw rechterhand/aan uw rechterkant	*zu Ihrer rechten Hand/rechts von Ihnen*
linksaf/rechtsaf gaan	*nach links/rechts gehen*
een straat oversteken	*eine Straße überqueren*
een plein oversteken	*einen Platz überqueren*
op de hoek	*an der Ecke*
tegenover de fietsenmaker	*gegenüber vom Fahrradhändler*
naast de fietsenmaker	*neben dem Fahrradhändler*
het kruispunt	*die Kreuzung*

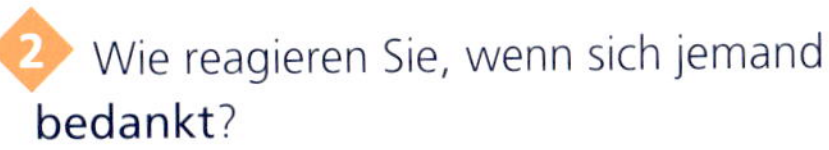

2 Wie reagieren Sie, wenn sich jemand **bedankt**?

dank u/je wel – niets te danken
Vielen Dank – keine Ursache
dank u/je – geen dank
Danke – keine Ursache
bedankt – graag gedaan
Dankeschön – gern geschehen

3 Sie kennen bereits eine Anzahl von Modalverben. Jetzt kommt noch **moeten** *müssen* hinzu.

Die Präsensformen von **moeten** sind:

ik	moet	wij	moeten
jij	moet	jullie	moeten
u	moet	zij	moeten
hij, zij, het	moet		

Moeten kann in Aufforderungen verwendet werden:
Je moet stoppen.
Du sollst anhalten.

4 Die Grundzahlen sind Ihnen ja bereits aus Lektion 3 vertraut. Sie können davon folgendermaßen **Ordnungszahlen** bilden:
An die Zahlen bis 19 fügen Sie einfach die Endung **-de** an:
2de – tweede
19de – negentiende

Es gibt nur wenige Ausnahmen:
1ste – eerste
3de – derde
8ste – achtste

Ab der Zahl 20 wird die Endsilbe **-ste** angefügt:

20ste – twintigste
34ste – vierendertigste
130ste – honderddertigste
2100ste – eenentwintighonderdste *oder* tweeduizendhonderdste

Erklärungen

5 Im Niederländischen gibt es u.a. die folgenden **Präpositionen**:

achter	*hinter*
boven	*über*
in	*in*
naast	*neben*
onder	*unter*
op	*auf*
tegen	*gegen*
tegenover	*gegenüber*
tussen	*zwischen*
voor	*vor*

Übungen

1 Setzen Sie in der passenden Form ein:

willen, kunnen, mogen, moeten

a. .... u mij de weg wijzen naar het museum?

b. .... ik nog een kop koffie?

c. .... u dat nog een keer zeggen?

d. Pas op! (*Achtung!*) Fietsers

.... hier niet oversteken!

e. In Nederland .... u aan de rechterkant van de weg fietsen.

2 Bilden Sie von jeder hier aufgeführten Grundzahl die Ordnungszahl:

Beispiel:

1 – eerste

a. 4	c. 9	e. 20	g. 68
b. 8	d. 15	f. 34	h. 26

3 A fragt B nach dem Weg. Hören Sie sich das Gespräch an und und zeichnen Sie auf dem Stadtplan auf Seite 59 ein, wie A gehen muss, um zum Ziel zu gelangen.

A: Goedemiddag meneer. Bent u hier bekend?

B: Ja

A: Kunt u mij de weg wijzen naar het station *(Bahnhof)*?

B: Jawel. Dit is de Nassaustraat. U loopt hier rechtdoor. Aan het eind van de straat is de Keulsepoort. Daar gaat u linksaf. Dan komt u bij een plein. Dat plein steekt u over. Aan uw rechterhand ziet u dan het station.

A: Dank u. Kent u daar misschien *(vielleicht)* ook een café?

B: Ja zeker. Naast het station is een café.

A: Dank u wel.

B: Geen dank.

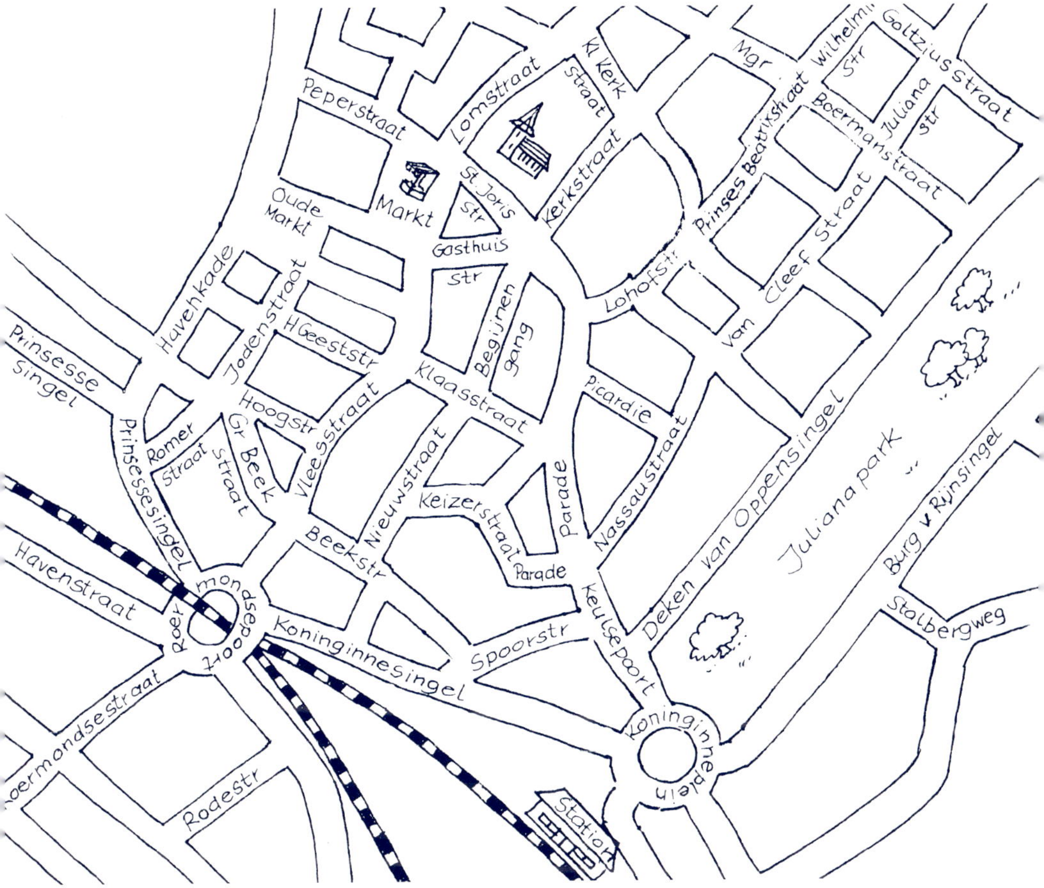

4 Es folgen noch zwei Wegbeschreibungen. Verfolgen Sie sie auf dem Plan. Wo kommen Sie jeweils heraus?
Falls Ihnen die Übung zu einfach ist: Decken Sie den Text der Wegbeschreibungen ab und hören Sie sie sich nur an. So wie im richtigen Leben!

a. Je vertrekt (*du gehst los*) op de hoek van de Deken van Oppensingel en de Keulsepoort. Je loopt de Keulsepoort door, tot aan het Koninginneplein. Daar ga je naar rechts en dan loop je de Koninginnesingel door, tot aan het einde van de straat. Daar is een tweede pleintje. Je steekt dat plein over en loopt de Prinsessesingel door. Hoe heet de eerste straat daarna aan de rechterkant?

b. Je vertrekt op de markt. Je loopt de Lomstraat door en gaat dan naar rechts, de Kleine Kerkstraat in. De eerste straat rechts is de Kerkstraat, die steek je over. Je gaat door een smal straatje dat geen naam heeft. Hoe heet de volgende straat aan de linkerkant?

Lektion 9

MET DE TREIN EROP UIT

Neben dem staatlichen Eisenbahnnetz (**Nederlandse Spoorwegen**) gibt es in den Niederlanden regionale Busgesellschaften, um den Regional- und Nahverkehr zu versorgen. In den Ballungsräumen (**Randstad**) fahren auch Straßenbahnen. In Rotterdam und Amsterdam kommt jeweils die U-Bahn hinzu. Die öffentlichen Verkehrsmittel sind in den Niederlanden ziemlich zuverlässig, modern und komfortabel.

Op het station wordt een mededeling omgeroepen:

Attentie! Hier volgt een mededeling. De stoptrein naar Den Haag Hollands Spoor, vertrektijd 18 uur 25, heeft een vertraging van tien minuten. Hij zal vertrekken van spoor 2b. Herhaling van deze mededeling. De stoptrein naar Den Haag Hollands Spoor ...

Karin de Vries: Meneer wat zeiden ze? Ik kon het niet verstaan.
Bert Jager: De stoptrein naar Hollands Spoor vertrekt tien minuten later, van spoor 4b. Nee, ik vergis me van 2b.
Karin de Vries: O juist! Maar dat is toch hier?
Bert Jager: Ja, dat klopt. Waar moet u naar toe?
Karin de Vries: Naar Den Haag Centraal.
Bert Jager: O, maar dan moet u naar het andere perron. U hebt nog vijf minuten, uw trein vertrekt om tien voor half zeven.
Karin de Vries: Nou, goed dat u het zegt. Bedankt hoor!
Bert Jager: Geen dank.

Abb. oben: Den Haag
Abb. rechts oben: Hauptbahnhof Amsterdam

Neue Wörter und Ausdrücke

Niederländisch	Deutsch
met de trein erop uit	mit dem Zug unterwegs
het station	der Bahnhof
de mededeling	die Mitteilung
omroepen	ausrufen, durchsagen
Attentie!	Achtung!
Hier volgt een mededeling.	Es folgt eine Durchsage.
de stoptrein	der Personenzug, Bummelzug
de vertrektijd	die Abfahrtszeit
de vertraging	die Verspätung
het spoor	das Gleis; die Spur
zal vertrekken van spoor 2 b	wird von Gleis 2 b abfahren
de herhaling	die Wiederholung
Meneer wat zeiden ze?	Was haben sie gesagt?
Ik kon het niet verstaan.	Ich konnte es nicht verstehen.
het perron	der Bahnsteig
zich vergissen	sich irren
ik vergis me	ich irre mich
de minuut, minuten	die Minute, Minuten
later	später
O juist!	Ach, richtig!
Maar dat is toch hier?	Aber das ist doch hier?
ja, dat klopt	ja, das stimmt
Waar moet u naar toe?	Wo müssen Sie hin?
O, maar dan moet u naar het andere perron.	O, dann müssen Sie aber zum anderen Bahnsteig.
U hebt nog vijf minuten.	Sie haben noch fünf Minuten.
Uw trein vertrekt om tien voor half.	Ihr Zug fährt um zehn vor halb ab.
nou, goed dat u het zegt	gut, dass Sie es sagen
zu Übung 3	
zich haasten	sich beeilen
zich afvragen	sich fragen
zich herinneren	sich erinnern
zich verbazen	sich wundern

Erklärungen

1 Das Reflexivpronomen zich *sich*

wird folgendermaßen dekliniert:

zich vergissen	*sich irren*
ik vergis **me**	
jij vergist **je**	
u vergist **u/zich**	
hij/zij/het vergist **zich**	
wij vergissen **ons**	
jullie vergissen **je**	
zij vergissen **zich**	

Erklärungen

So stellt man im Niederländischen die Frage nach der **Uhrzeit**:
Hoe laat is het? *Wie spät ist es?*

het is twee uur

het is tien over twee

het is kwart over twee

het is tien voor half drie

het is half drie

het is vijf over half drie

het is twintig voor drie

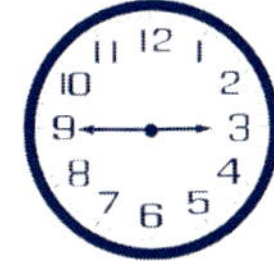
het is kwart voor drie

het is vijf voor drie

Die offizielle Zeitansage geschieht folgendermaßen: Bis 19 Minuten nach... sagt man **over**, ab 20 Minuten nach... sagt man **voor half**. Von halb... bis 9 Minuten nach... sagt man **over half**, ab 20 Minuten vor... sagt man **voor**.

Hoe laat vertrekt de trein naar Haarlem?
Die trein vertrekt **om** tien (minuten) voor half zeven.

Tot hoe laat duurt de les? *Bis wann dauert der Unterricht (wörtl.: bis wie spät ...)?*
De les duurt **tot** kwart voor tien. *Der Unterricht dauert bis Viertel vor zehn.*

Hoe lang duurt de reis? *Wie lange dauert die Reise?*

De reis duurt	een kwartier.	*Die Reise dauert eine Viertelstunde.*
	een half uur.	*eine halbe Stunde.*
	drie kwartier.	*eine Dreiviertelstunde.*
	een uur.	*eine Stunde.*
	twee en een half uur.	*zweieinhalb Stunden.*

3 Reizen met het openbaar vervoer.

Mit einer Streifenkarte können Sie alle Busse, Straßenbahnen und U-Bahnen benutzen. Die Streifenkarte wird vorn beim Fahrer oder in einem der gelben Entwerter abgestempelt. Die niederländische Eisenbahngesellschaft bietet viele Sondertarife, mit denen man unter bestimmten Voraussetzungen ermäßigt Bahnfahren kann.

1 Hier soll das richtige Reflexivpronomen ergänzt werden. Prägen Sie sich zunächst die neuen Wörter ein:

zich haasten	*sich beeilen*
zich afvragen	*sich fragen*
zich herinneren	*sich erinnern*
zich verbazen	*sich wundern*

Wählen Sie nun aus: **me**, **zich** oder **ons**?

Het is zes uur. We haasten .... naar de trein die om vijf over zes vertrekt. Onderweg vraag ik .... af of de trein van spoor 7 of 6 vertrekt. Ik vraag het aan mijn broer maar die herinnert het .... niet meer. Wij rennen naar spoor 7 maar vergissen .... De trein vertrekt van spoor 6. We rennen snel naar spoor 6. Wij verbazen .... dat de trein nog niet vertrokken is.

2 Hoe laat is het?

a. ....

b. ....

c. ....

d. ....

e. ....

f. ....

g. ....

3 Setzen Sie die fehlenden Wörter ein.

verstaan – mededeling – moet – volgt – vertrekken – om – naar toe – vertraging – later – vergis

a. Attentie! Hier .... een mededeling. De stoptrein naar Den Haag Hollands Spoor, vertrektijd

18 uur 25, heeft een .... van tien minuten. Hij zal

.... van spoor 2b. Herhaling van deze

.... De stoptrein naar Den Haag Hollands Spoor ...

b. Wat zeiden ze? Ik kon het niet

.... De stoptrein naar Hollands Spoor vertrekt tien

minuten ...., van spoor

4b. Nee, ik .... me van 2b.

Waar moet u .... ?
Naar Den Haag Centraal.

O, maar dan .... u naar het andere perron. U heeft nog vijf minuten, uw trein vertrekt om tien voor half zeven.

4  Heute herrscht Chaos auf dem Amsterdamer Bahnhof. Alle Züge haben Verspätung und fahren auch noch von einem anderen Gleis ab! Hören Sie sich die Durchsagen an und notieren Sie dann die offizielle Abfahrtszeit, die Verspätung und das neue Gleis.

Trein naar	Vertrektijd	Vertraging (minuten)	Spoor
Nijmegen	14:48	7	5 a/b
Den Haag Centraal			
Alkmaar			
Vlissingen			
Haarlem			
Brussel Zuid			
Maastricht			
Utrecht Centraal			

5 Was sagen Sie in der folgenden Situation?

a. U staat op het station. U wilt weten hoe laat de bus naar Leeuwarden vertrekt. Wat vraagt u aan een voorbijganger?
b. U zoekt de bushalte van lijn 10. Wat vraagt u aan een meneer op straat?
c. U wijst een meneer de weg naar het Centraal Station. Hij bedankt u. Hoe reageert u?

Lektion 10

Wat zullen we gaan doen?

Fast jeder zweite Niederländer macht irgendwann im Jahr Kurzurlaub im eigenen Land. Die beliebtesten Ziele sind dabei die Naturparks und Strände. Beliebt sind auch Städtereisen und der „Urlaub auf dem Bauernhof".

De familie Doorsnee zit aan het ontbijt. Het regent. Hoe zullen ze deze vakantiedag gaan doorbrengen?

Pa: Wat zullen we vandaag gaan doen? Ik heb zin om een lange wandeling langs het strand te maken. Wat denken jullie?
Hetty: Ben je gek? Kijk eens naar die lucht. Ik heb meer zin om lekker de stad in te gaan.
Ma: Hoe bedoel je? Wat wil je dan gaan doen in de stad?
Hetty: Nou gewoon, een beetje winkelen, een beetje kijken, patatje eten. Dat soort dingen.
Pa: Dat lijkt me op zaterdag niet leuk. Het is dan vaak erg druk.
Ma: Vorige maand is er een nieuw museum geopend. Hebben jullie zin om daar naar toe te gaan?
Hetty: Museum? Bah!
Pa: Luister toch wat je moeder zegt. Je bedoelt toch dat stripmuseum, Joke?
Ma: Ja, het schijnt heel leuk te zijn, met stripwinkel, leescafé, videohoek en zo.
Pa: Klinkt toch wel aardig. Wat denk jij, Hetty?
Hetty: Doen we!

Neue Wörter und Ausdrücke

zullen	werden; wollen
Wat zullen we gaan doen?	Was wollen wir unternehmen?
de familie	die Familie
de doorsnee	der Durchschnitt
het ontbijt	das Frühstück
de familie Doorsnee zit aan het ontbijt	Die Familie Mustermann sitzt beim Frühstück
regenen	regnen
het regent	es regnet
de vakantiedag	der Ferientag
doorbrengen	verbringen, zubringen
Hoe zullen ze deze vakantiedag gaan doorbrengen?	Wie werden sie diesen Ferientag verbringen?
de zin	die Lust; der Sinn
de wandeling	der Spaziergang
langs	entlang
Ik heb zin om een lange wandeling langs het strand te maken	Ich habe Lust, eine lange Strandwanderung zu machen
denken	denken
Ben je gek?	Bist du verrückt?
de lucht	die Luft, der Himmel
Kijk eens naar die lucht.	Schau dir mal den Himmel an.
de stad in gaan	in die Stadt gehen
Hoe bedoel je?	Wie meinst du das?
Wat wil je dan gaan doen?	Was willst du denn machen?
gewoon	einfach
het winkelen	Shopping
een beetje kijken	ein bisschen rumschauen
patatje eten	Pommes essen
dat soort dingen	oder so; so was
lijken	scheinen

Dat lijkt me op zaterdag niet leuk.	Das scheint mir am Samstag nicht so schön.
vaak	oft, häufig
erg	arg, schlimm
druk	geschäftig, lebhaft
het is dan vaak erg druk	es ist dann oft arg voll
vorige maand	letzten Monat
nieuw	neu
geopend	geöffnet, eröffnet
er is een nieuw museum geopend	es ist ein neues Museum eröffnet worden
luisteren	zuhören
de moeder	die Mutter
luister toch wat je moeder zegt	hör doch zu, was deine Mutter sagt
de strip	der Comic
je bedoelt toch dat stripmuseum	du meinst doch dieses Comicmuseum
het schijnt … te zijn	es soll … sein
de stripwinkel	der Comicladen
het leescafé	das Lesecafé
de videohoek	die Videoecke
klinkt toch wel aardig	klingt doch ziemlich gut
Doen we!	Machen wir!

Erklärungen

1 Im Niederländischen gibt es drei Möglichkeiten, **die Zukunft bzw. das Futur** zu bilden: a. mit dem Hilfsverb **zullen**, verbunden mit einem Infinitiv, b. mit dem Verb **gaan**, verbunden mit einem Infinitiv oder c. mit dem Indikativ Präsens.

	zullen		gaan
ik	zal		ga
jij	zal/zult	zal jij?/zul jij?	gaat ga jij?
u	zal/zult		gaat
hij/zij/het	zal		gaat
wij	zullen		gaan
jullie	zullen		gaan
zij	zullen		gaan

a. zullen + Infinitiv
Das Futur kann im Niederländischen mit dem Hilfsverb **zullen** gebildet werden, verbunden mit dem Infinitiv des eigentlichen Verbes. Der Gebrauch von **zullen** entspricht im Wesentlichen dem des deutschen *werden*. Es drückt aus, dass das Gesagte mit einer recht großen Wahrscheinlichkeit stattfinden wird. Meistens wird es mit Partikeln wie **vast, wel** oder **vast wel** verbunden. Diese Partikel entsprechen dem deutschen bestimmt.
We zullen (vast) (wel) een oplossing vinden.
Wir werden (bestimmt) eine Lösung finden.
Het examen zal (vast) (wel) niet zo moeilijk zijn als vorig jaar.
Die Prüfung wird (bestimmt) nicht so schwer sein wie letztes Jahr.

Daneben kann **zullen**, genauso wie das deutsche *werden*, ein Versprechen ausdrücken.
Ik zal je van het station afhalen.
Ich werde dich vom Bahnhof abholen.
Hij zal je straks eventjes terugbellen.
Er wird dich später kurz zurückrufen.

Zugleich wird **zullen** benutzt, um einen Vorschlag zu machen. Dies geschieht meistens in der ersten Person (Singular oder Plural).
Zal ik je even helpen dragen?
Soll ich dir kurz tragen helfen?
Zullen we gaan zwemmen?
Sollen (Wollen) wir schwimmen gehen?

b. gaan + Infinitiv
Eine zweite Möglichkeit, im Niederländischen das Futur zu bilden, ist die Verbindung des Verbes **gaan** mit dem Infinitiv des eigentlichen Verbes. Damit drückt man aus, dass das Gesagte die Folge einer zum Sprechzeitpunkt bereits getroffenen Entscheidung ist. Es wird also benutzt, um eine geplante Handlung in der Zukunft auszudrücken.
Wij gaan trouwen op 15 juli.
Wir werden am 15. Juli heiraten.
We gaan volgend jaar eindelijk verhuizen.
Wir werden nächstes Jahr endlich umziehen.

c. Indikativ Präsens
Schließlich kann das Futur im Niederländischen, genauso wie im Deutschen, mit dem einfachen Indikativ Präsens gebildet werden. Damit drückt man aus, dass das Gesagte mit einer recht großen Sicherheit stattfinden wird.
Ik kom morgen even langs.
Ich komme morgen kurz vorbei.
Ik bel je volgende week op.
Ich rufe dich nächste Woche an.

Erklärungen

Zum Gebrauch des Futurs in Wettervorhersagen: In kurzfristigen Wettervorhersagen wird **gaan** benutzt, in langfristigen Vorhersagen dagegen **zullen**.
Vannacht gaat het beginnen sneeuwen, en de winter zal heel hard worden.
Heute Nacht wird es anfangen zu schneien, und der Winter wird sehr streng werden.

2 Um ein Wort oder einen Satz zu **verneinen**, wird **geen** oder **niet** verwenden. Sie entsprechen im Wesentlichen dem deutschen *kein* und *nicht*.

Geen steht bei einem Substantiv mit unbestimmtem Artikel:
Wil je een koekje bij de koffie?
Möchtest du einen Keks zum Kaffee?
Nee, ik wil geen koekje.
Nein, ich möchte keinen Keks.

Für den Gebrauch von **niet** gibt es eine Anzahl von Regeln:

a. nach dem Verb:
Komt hij? – Nee, hij **komt niet**.
Kommt er? – Nein, er kommt nicht.

b. nach einer Zeitangabe (**morgen, vandaag** etc.):
Komt hij morgen? – Nee, hij komt morgen niet.
Kommt er morgen? – Nein, er kommt morgen nicht.

c. vor einem Adjektiv:
Ik vind deze film niet spannend.
Ich finde diesen Film nicht spannend.

d. vor einer Präposition:
Zij houdt niet van fietsen.
Sie mag nicht gerne Fahrrad fahren.

Übungen

1 Verwenden Sie dieselbe Information, aber unter Gebrauch von **zullen**.

Beispiel:
Volgens mij komt hij te laat.

Hij zal wel te laat komen.

a. Volgens mij is het zaterdags erg druk in Groningen.
b. Volgende week gaat mijn vriendin op fietsvakantie.
c. Vind je het een goed idee om morgen naar de markt te gaan?

2 Drücken Sie aus, dass das Gesagte mit ziemlich großer Wahrscheinlichkeit stattfinden wird.

Beispiel:
De trein is stipt op tijd.
Der Zug ist pünktlich.

De trein zal vast wel stipt op tijd zijn.
Der Zug wird bestimmt pünktlich sein.

a. Het examen is eenvoudig.
b. Hij is ziek.
c. We kunnen je helpen.
d. Hij is weer te laat.
e. We krijgen niets te eten.
f. Jullie hebben honger.

3 Bilden Sie aus den folgenden Satzteilen Sätze mit **gaan**.

a. wanneer / jullie / trouwen / ?
b. het / morgen / de hele dag / regenen / ?
c. we / volgende week / een auto / huren
d. je / hem / een brief / schrijven / ?
e. ze / het / niet verstaan
f. ik / haar / meteen / opbellen.
g. ik / morgen / hem / helpen

4 Sie möchten heute Abend etwas unternehmen. Formen Sie die vorgegebenen Sätze in Vorschläge um.

Beispiel:
We nodigen onze buren uit.
Wir laden unsere Nachbarn ein.

Zullen we onze buren uitnodigen?
Sollen wir unsere Nachbarn einladen?

a. We gaan een ijsje eten.
b. We blijven lekker thuis.
c. We gaan dansen.
d. We kijken naar televisie.
e. We gaan lekker uit.
f. We gaan vroeg naar bed.

Geben Sie eine verneinende Antwort.

a. Vindt zij Nederlands moeilijk?
b. Heb jij zin in een patatje?
c. Weet u de weg naar het station?
d. Ga jij op vakantie?
e. Studeert u in de vakantie?
f. Heb jij geld bij je?
g. Is dat boek van jou?
h. Vind jij het hier gezellig?

6 In diesem Buchstabensalat verbergen sich elf Wörter zum Thema Urlaub und Freizeit. Finden Sie sie?

E	M	I	W	O	S	T	R	U	K	E
V	A	K	A	N	T	I	E	D	A	G
F	I	R	N	E	R	T	I	B	A	L
I	H	S	D	Y	A	H	Z	M	R	T
E	O	G	E	I	N	O	E	U	T	V
T	B	A	L	U	D	T	N	S	E	U
S	B	W	I	N	K	E	L	E	N	A
E	Y	W	N	I	E	L	H	U	E	D
N	A	Z	G	C	A	F	É	M	U	E

Lektion

11

Die Niederlande und Flandern bieten eine Vielzahl von Möglichkeiten, die Freizeit oder den Urlaub interessant und erholsam zu gestalten. Hätten Sie Lust zu einer entspannten Fahrradtour durch die ebene Landschaft? Im Sommer können Sie in der Nordsee baden, und Strandspaziergänge bieten sich zu jeder Jahreszeit an. Wie wäre es mit einer Wanderung durch die Veluwer Wälder?
Wenn Sie Kinder haben, steht sicherlich auch ein Ausflug in einen Tier- oder Vergnügungspark auf Ihrem Programm.

EEN DAGJE UIT:

De familie De Vries is aan het ontbijten.

Moeder: Wat voor weer wordt het vandaag?
Vader: Mooi weer. Kijk maar naar buiten, de zon schijnt.
Moeder: Maar wat zijn de vooruitzichten?
Pia: Ik heb net op de radio gehoord dat het vandaag eerst zonnig zal zijn, maar later op de dag bewolkt met af en toe een bui.
Vader: Echt Nederlands weer dus.
Pia: Zullen we vandaag naar een pretpark gaan? Naar de Efteling?
Vader: Waarom wil je daar naartoe?
Pia: Omdat je daar sprookjesfiguren, zoals Doornroosje en Roodkapje, in levende lijve ontmoet. Bovendien is er een houten achtbaan en de grootste schipschommel van Europa.
Vader: Ik ga liever naar een dierentuin. Als we naar de dierentuin in Emmen gaan, hoeven we niet zo ver te rijden. Bovendien kunnen we bij slecht weer naar het overdekte gedeelte met vissen en reptielen gaan.
Moeder: Dan lijkt het mij het beste om vandaag naar de dierentuin en een andere keer naar de Efteling te gaan.
Pia: Nou, vooruit dan maar.

NAAR HET PRETPARK

Neue Wörter und Ausdrücke

een dagje uit	ein Tag auswärts
het pretpark	der Vergnügungspark
het weer	das Wetter
Wat voor weer wordt het vandaag?	Wie wird das Wetter heute?
de vader	der Vater
buiten	draußen, außen
kijk maar naar buiten	schau mal nach draußen
de zon	die Sonne
schijnen	scheinen
de vooruitzichten	die Aussichten
net	gerade
de radio	das Radio
op de radio	im Radio
horen, gehoord	hören, gehört
eerst	(zu)erst
zonnig	sonnig
later	später
bewolkt	bewölkt
af en toe	ab und zu, hin und wieder
de bui	der Regenschauer, die Bö
af en toe een bui	vereinzelte Schauer *(wörtl: ab und zu ein Schauer)*
echt Nederlands weer dus	also echt niederländisches Wetter

daar naartoe	dorthin
omdat	weil
de sprookjesfiguur	die Märchenfigur
zoals	wie
Doornroosje	Dornröschen
Roodkapje	Rotkäppchen
in levende lijve	leibhaftig
ontmoeten	begegnen
bovendien	außerdem
houten	hölzern
de achtbaan	die Achterbahn
de grootste schipschommel	die größte Schiffsschaukel
liever	lieber
de dierentuin	der Tierpark, der Zoo
hoeven	brauchen, nötig sein
hoeven we niet zo ver te rijden	brauchen wir nicht so weit zu fahren
slecht	schlecht
een gedeelte	ein Teil
overdekt	überdacht
de vis	der Fisch
het reptiel	das Reptil
dan lijkt het mij het beste	dann scheint es mir das Beste zu sein
een andere keer	ein anderes Mal
nou, vooruit dan maar	na, dann mal los

zu Erklärung 2

Het waait.	Es ist windig *(wörtl.: Es weht.)*
Het sneeuwt.	Es schneit.
de neerslag	der Niederschlag
de regen	der Regen
de hagel	der Hagel
de sneeuw	der Schnee
de zomer	der Sommer
weinig	wenig
warm	warm
de winter	der Winter
zacht	mild, sanft

Erklärungen

1 Nun wollen wir uns auf Niederländisch über eines der häufigsten Gesprächsthemen unterhalten: **das Wetter**.

Wat voor weer is het vandaag?
Wie ist das Wetter heute?

Het regent.

Het sneeuwt.

Het waait.

De zon schijnt.

Wat voor weer wordt het morgen?
Wie wird das Wetter morgen?
Het wordt mooi.
Es wird schön.
Het wordt koud.
Es wird kalt.
Het wordt morgen 28 graden.
Morgen wird es 28 Grad warm.

Und wie ist es nun im Allgemeinen, **het echt Nederlands weer?** Es ist ziemlich häufig **bewolkt** und es gibt viel **neerslag**, vor allem **regen**, manchmal **hagel** oder **sneeuw**. Der niederländische **zomer** zählt oft leider **weinig warme dagen**. Der **winter** ist oft **zacht**.

Sicher haben Sie diese neuen Wörter auf Anhieb verstanden. Damit Sie sie sich aber auch einprägen und beim Thema „Wetter" mitreden können, haben wir sie zusätzlich ins Wörterverzeichnis dieser Lektion aufgenommen.

2 **Der Komparativ** (erste Steigerungsstufe des Adjektivs) wird mit Hilfe der Endung **-er** gebildet, die an das Adjektiv angehängt wird. Endet das Adjektiv auf **-r**, fügt man die Endung **-der** an. Beim Vergleich von zwei Sachen wird die Konjunktion **dan** (*als*) benutzt.

oud ouder
alt älter
Haar man is een paar jaar ouder dan zij.
Ihr Mann ist ein paar Jahre älter als sie.
lekker lekkerder
lecker leckerer
Ik vind deze koekjes lekkerder dan die andere.
Ich finde diese Kekse leckerer als die anderen.

Nach den Regeln der niederländischen Rechtschreibung wird aus einem **f**, das am Ende des Wortes steht, ein **v**, und aus einem **s** wird ein **z**:

lief liever
lieb lieber
Ik blijf liever thuis.
Ich bleibe lieber zu Hause.

Ein lang ausgesprochener Vokal bleibt auch nach der Beugung immer lang. Wenn die Komparativendung **-er** angehängt wird, wird aus einer geschlossenen Silbe oft eine offene Silbe. Der doppelt geschriebene Vokal aus der geschlossenen Silbe wird in der offenen Silbe einfach geschrieben, da in offenen Silben – bis auf wenige Aufnahmen – keine Doppelvokale stehen können.

groot	groter	breed	breder
groß	*größer*	*breit*	*breiter*

Genauso bleibt ein kurz ausgesprochener Vokal immer kurz. Ein kurzer Vokal wird durch einen einfachen Vokal in einer geschlossenen Silbe dargestellt. Falls hinter dem kurzen Vokal des Adjektivs nur ein einzelner Konsonant steht, muss dieser im Kommparativ verdoppelt werden, um die Silbe geschlossen zu halten.

laf	laffer	dik	dikker
feige	*feiger*	*dick*	*dicker*

3 **Den Superlativ** (zweite Steigerungsstufe) bildet man, indem man dem Adjektiv die Endung **-st** oder, falls das Adjektiv auf **-s** oder **-sch** endet, die Endung **-t** hinzufügt. Adjektive, die auf **-st** enden, umschreiben den Superlativ mit **het meest (juist, het meest juist** – *richtig, richtigst*).

mooi mooist(e)
schön schönst(er, e, es)
Hij heeft de mooiste auto die er bestaat.
Er hat das schönste Auto, das es gibt.

Der Superlativ wird im Niederländischen genauso benutzt wie im Deutschen: **de ...ste** (*der/die ...ste*) oder **het ...ste** (*das ...ste*).

groot grootst(e)
groß größt(er, e, es)
Wie van jullie is de grootste?
Wer von euch ist der größte?
oud oudst(e)
alt ältest(er, e, es)
Onze oudste zoon studeert al.
Unser ältester Sohn studiert schon.

Die deutsche Konstruktion *am + Superlativ* wird im Niederländischen mit **het ...st** umschrieben.

lief het liefst
lieb am liebsten
Het liefst zou ik thuisblijven.
Am liebsten würde ich zu Hause bleiben.

Abweichend vom Deutschen wird im Niederländischen auch dann der Superlativ verwendet, wenn nur zwei Sachen oder Personen miteinander verglichen werden.

knap knapst(e)
hübsch hübschest(er, e, es)
Van zijn twee zussen is de jongste de knapste.
Von seinen beiden Schwestern ist die jüngere die hübschere.

Unregelmäßige Steigerungsformen sind:

dichtbij	dichterbij	dichtstbij
nah	*näher*	*nächst*
goed	beter	best
gut	*besser*	*best*
graag	liever	liefst
gerne	*lieber*	*liebst*
veel	meer	meest
viel	*mehr*	*meist*
weinig	minder	minst
wenig	*weniger*	*wenigst*

1 Sie sind gar nicht neidisch auf Ihren Nachbarn. Sie sind einfach nur besser. Bilden Sie zu den vorgegebenen Sätzen den Komparativ.

Beispiel:
Mijn vrouw kookt heel goed.

Mijn vrouw kookt veel beter.

a. Mijn computer is heel snel (*schnell*).
b. Mijn zoon is heel slim (*intelligent*).
c. Ik ben heel beroemd (*berühmt*).
d. Mijn auto was heel duur (*teuer*).
e. Onze kinderen zijn heel braaf (*artig*).
f. Ik verdien heel veel.

2 Übertrumpfen Sie Ihren früheren Vorgesetzten! Bilden Sie zu den vorgegebenen Sätzen den Superlativ.

Beispiel:
Ik heb een groot huis.

Ik heb het grootste huis.

a. Ik heb een grote auto.
b. Ik heb een rijke vrouw.
c. Ik heb een moderne computer.
d. Ik heb een goede levensverzekering.
e. Ik heb een duur horloge.
f. Ik heb veel vrienden.
g. Ik heb lekkere wijnen.

3 Und jetzt volle Konzentration! Sie hören jetzt den Wetterbericht für heute! Versuchen Sie, den Sinn zu erfassen, auch wenn Sie nicht jedes Wort verstehen.
Wat voor weer wordt het vandaag?

4 Marijke, eine Geschäftsfrau aus Amsterdam, hat heute einen anstrengenden Tag vor sich: ein Langstreckenflug nach New York mit Zwischenstopps zu Besprechungen in Frankfurt und Rom. Und überall ist anderes Wetter! Ob ihre Frisur das aushält?
Beschreiben Sie das Wetter in den verschiedenen Städten.

Amsterdam : ....

Frankfurt: ....

Rome: ....

New York: ....

Lektion 12

EEN TAFELTJE RESERVEREN

Wenn Sie durch Belgien oder die Niederlande reisen, werden Sie sicherlich auch in einem Restaurant essen gehen. In dieser Lektion erfahren Sie, wie Sie telefonisch einen Tisch reservieren.

Ingeborg belt restaurant *De Gouden Leeuw* om een tafeltje te reserveren.

Pieter: Goedenavond, restaurant De Gouden Leeuw. U spreekt met Pieter. Wat kan ik voor u doen?

Ingeborg: Goedenavond, met Ingeborg Slot. Ik wil graag voor morgenavond een tafel reserveren voor zes personen.

Pieter: Zes personen, zegt u. Voor hoe laat?

Ingeborg: Half negen, had ik gedacht.

Pieter: Ai. Het is morgen nogal druk. Half negen is moeilijk. Ik kan u om negen uur een tafel aanbieden.

Ingeborg: Negen uur is ook prima. Ik heb nog een vraag. Een van mijn vrienden is vegetariër. Hebt u ook vegetarisch eten?

Pieter: Dat is geen probleem. Op de kaart staan enkele vegetarische gerechten, en we hebben ook een vleesloze dagschotel.

Ingeborg: Dat is mooi.

Pieter: Dus, morgenavond, om negen uur, een tafel voor zes personen. Op welke naam zal ik dat zetten?

Ingeborg: Ingeborg Slot.

Pieter: Staat genoteerd. Tot morgen dan, mevrouw Slot.

Neue Wörter und Ausdrücke

het tafeltje	der Tisch
reserveren	reservieren
bellen	anrufen
gouden	golden
de leeuw	der Löwe
u spreekt met …	… am Apparat
Wat kan ik voor u doen?	Was kann ich für Sie tun?
morgenavond	morgen Abend
de persoon	die Person
Voor hoe laat?	Für wie spät?
had ik gedacht	hatte ich gedacht
nogal	ziemlich
het is morgen nogal druk	es ist morgen ziemlich voll
aanbieden	anbieten
de vegetariër	der Vegetarier
vegetarisch	vegetarisch
het probleem	das Problem
de kaart	die Speisekarte
het gerecht	das Gericht
vleesloos	fleischlos
de dagschotel	das Tagesgericht
een vleesloze dagschotel	ein vegetarisches Tagesmenü
staat genoteerd	ist notiert

Erklärungen

1 **Das Possessivpronomen** lautet:

Subjekt	betonte Form	unbetonte Form
ik	mijn	m'n (*gesprochen: mönn*)
jij	jouw	je
hij	zijn	z'n (*gesprochen: sönn*)
zij	haar	d'r, 'r (*gesprochen: dörr*)
het	zijn	z'n (*gesprochen: sönn*)
u	uw	-
wij	ons/onze	-
jullie	jullie (je)	je
zij	hun	-

Wie beim Personalpronomen (persönlichen Fürwort) gibt es auch beim Possessivpronomen (besitzanzeigenden Fürwort) für einige Pronomina eine betonte und eine unbetonte Form. **Die betonten Formen** werden verwendet, wenn das Pronomen selbst betont werden soll.

Dat is mijn boek! (Niet het jouwe!)
Das ist mein Buch! (Nicht deins!)
Is dat echt hun auto? (Niet jullie?)
Ist das wirklich ihr Auto? (Nicht eures?)

Zum Gebrauch von ons/onze: Bei **de**-Wörtern wird **onze** verwendet, bei **het**-Wörtern **ons**.
de kaart: Is onze kaart al aangekomen?
Ist unsere Karte schon angekommen?
het hotel: Ons hotel was fantastisch!
Unser Hotel war fantastisch!

Sonderregelung für jullie: Wenn das besitzanzeigende **jullie** direkt hinter dem persönlichen Fürwort **jullie** steht, verwendet man in der Regel das besitzanzeigende **je**.
Hebben jullie je kinderen niet meegebracht?
Habt ihr eure Kinder nicht mitgebracht?
(nicht: Hebben jullie ~~jullie~~ kinderen …)

Erklärungen

Wenn nicht das Pronomen, sondern ein anderer Satzteil betont werden soll, werden in der Regel **die unbetonten Formen** der Possessivpronomen verwendet. Auch hier gilt allerdings, dass die Formen mit Apostroph in der Schriftsprache eher selten verwendet werden.

Ik heb m'n sleutels verloren.
Ich habe meine Schlüssel verloren.

Heb je je sleutels alweer vergeten?
Hast du deine Schlüssel schon wieder vergessen?

2 Telefoneren en reserveren:
Am Telefon können Sie die folgenden Redewendungen gebrauchen:

a. am Beginn eines Gesprächs:
- Met De Vries. *De Vries am Apparat.*
- Met meneer/mevrouw De Vries. *Herr/Frau de Vries am Apparat.*
- Met Johan Dekker. Kan ik Jan Peter even spreken? *Johan Dekker am Apparat. Könnte ich kurz Jan Peter sprechen?*

b. um das Gespräch zu beenden:
- Tot morgen dan. *Also bis morgen.*
- Bedankt voor het telefoontje. *Danke für den Anruf.*

Übungen

1 Sie möchten für heute Abend, ungefähr um 20 Uhr, zu sechst in der *Pizzeria Italia* zu Abend essen. Reservieren Sie telefonisch einen Tisch. Bereiten Sie zunächst Ihre Sätze auf Niederländisch vor und unterhalten Sie sich dann mit dem Kellner auf der CD.

Kellner: Pizzeria Italia, goedenavond.

Sie: ....

Kellner: Voor hoeveel personen?

Sie: ....

Kellner: Ja, dat is mogelijk. Hoe laat komt u?

Sie: ....

Kellner: Ja, dat is goed. Op welke naam zal ik dat zetten?

Sie: ....

Kellner: Staat genoteerd. Tot vanavond....

2 Setzen Sie das passende Possessivpronomen ein.

mijn, jouw, uw, zijn, haar, ons/onze, jullie, hun.

a. .... grootvader is Nederlander. (hij)

b. Is dat .... zoon? (u)

c. Jan gaat met .... vriendin naar Groningen. (hij)

d. Mag ik .... pen (*Stift*) even lenen (*leihen*)? (jij)

e. .... huis is al erg oud. (wij)

f. .... vrienden (zij) wonen naast .... ouders (*Eltern*) (ik).

g. Dag Anna. Is .... (jij) moeder thuis?

Lektion 13

OP EEN TERRAS

Mieke: Ober, kunnen we bestellen?
Ober: Ja, ik kom zo bij u.
Mieke: Simone, wat wil jij drinken?
Simone: Ik neem een biertje.
Mieke: O, dan neem ik er ook één.
Simone: Ik wil ook iets eten.
Mieke: Ja, ik ook.
Ober: Zegt u het maar.
Mieke: Twee bier alstublieft. Hebt u ook iets te eten?
Ober: We hebben belegde broodjes, soep, uitsmijters. Wilt u de kaart zien?
Mieke: Alstublieft.

De ober brengt de kaart

Mieke: Ik neem dit broodje.
Simone: En wat is dat?
Mieke: Een broodje gezond en ik neem een groentesoep.
Simone: Ik neem die soep ook met een broodje kipkerrie.
Ober: Mevrouw?
Simone: Mag ik een groentesoep en een broodje kipkerrie.
Ober: En u?
Mieke: Voor mij een broodje gezond en een groentesoep, graag.

De ober brengt de bestelling

Ober: Twee groentesoep, broodje gezond en een broodje kipkerrie. Alstublieft.
Mieke: Dank u wel.
Simone: Bedankt. Wij willen graag direct afrekenen.

Ober: Wilt u apart afrekenen?
Simone: Nee.
Ober: Dat is dan € 7,95.
Simone: Alstublieft.
Ober: Dat is acht en twee is tien. Een prettige dag verder en tot ziens.
Simone: Ja tot ziens.
Mieke: Dag.

Neue Wörter und Ausdrücke

het terras	die Terrasse
de ober	der Ober
bestellen	bestellen
Ik kom zo bij u.	Ich komme gleich zu Ihnen.
Ik neem een biertje.	Ich nehme ein Bier.
Zegt u het maar?	Sie wünschen? (*wörtl.: Sagen Sie es nur)*
het belegde broodje	das belegte Brötchen
de soep	die Suppe
de uitsmijter	strammer Max (*Spiegelei auf Schinken und Brot*)
broodje gezond	belegtes Brötchen mit Käse und Ei (*wörtl.:* „Brötchen gesund")
de groentesoep	die Gemüsesuppe
het broodje kipkerrie	das Brötchen mit Curryhuhn
de bestelling	die Bestellung
direct	gleich, direkt
afrekenen	bezahlen
apart	getrennt, einzeln
een prettige dag verder	einen schönen Tag noch

Erklärungen

1 So bestellen Sie:

- [Twee bier] alstublieft
  [Zwei Bier], bitte.
- Hebt u [ook iets te eten]?
  Haben Sie [auch etwas zu essen]?
- Mag ik ...
  Ich hätte gern (wörtl.: Darf ich) ...
- Voor mij ..., graag.
  Für mich ..., bitte.

Wenn der Ober die Bestellung aufnimmt, sagt er:

- Zegt u het maar.
  Sie wünschen? (wörtl.: Sagen Sie es nur.)
- Mevrouw?
  Die Dame?
- En u?
  Und (für) Sie?
- Wilt u iets eten?
  Möchten Sie auch etwas essen?

Die Demonstrativpronomen

deze und **dit** werden verwendet, wenn ein Gegenstand in der Nähe (**hier**) ist, die Pronomen **die** und **dat** werden dagegen für weiter Entferntes (**daar**) gebraucht.

	de-woorden	**het**-woorden
hier	**deze** Deze soep is lekker. *Diese Suppe ist lecker.*	**dit** Dit broodje neem ik. *Dieses Brötchen nehme ich.*
daar	**die** Die soep smaakt goed. *Die Suppe schmeckt gut.*	**dat** Dat broodje smaakt het best. *Das Brötchen schmeckt am besten.*

Dit biertje is duurder dan dat (biertje).
Dieses Bier ist teurer als das.

Erklärungen

3 Wie betaalt in het café of in het restaurant? *Wer bezahlt in der Kneipe oder im Restaurant?*

Ihr Niederländisch ist mittlerweile schon recht gut, nicht wahr? Sicher sind Sie in der Lage, unsere landeskundlichen Erklärungen ab jetzt auch auf Niederländisch zu verstehen. Versuchen Sie, den kurzen Text zu erschließen. Einige Hilfestellungen geben wir Ihnen dabei. Darunter finden Sie die deutsche Übersetzung. Aber lesen Sie sie nicht sofort, sondern erst anschließend zur Kontrolle!

Als Nederlanders uit eten gaan, dan is het normaal dat iedereen apart afrekent. Zo voelt iedereen zich vrij om iets duurs te bestellen. Natuurlijk speelt ook de zuinige gedachte *(Sparsamkeitsgedanke)* mee, dat men niet wil betalen voor de dure dingen van een ander.
Als Nederlanders samen in een café zitten, wordt er van iedereen om beurten *(abwechselnd)* verwacht, dat hij een rondje betaalt.

Wenn Niederländer auswärts essen, ist es normal, dass jeder für sich bezahlt. So fühlt jeder sich frei, etwas Teueres zu bestellen. Natürlich spielt auch der Sparsamkeitsgedanke mit, weil man nicht für die teuren Sachen eines anderen bezahlen möchte.
Wenn Niederländer zusammen in einer Kneipe sitzen, wird von jedem der Reihe nach erwartet, dass er eine Runde bezahlt.

Übungen

Lektion 13

1 Sie gehen in den Niederlanden zum Essen. Was sagen Sie in der folgenden Situation?

a. Vraag wat voor soep de "soep van de dag" is.
b. U ziet "uitsmijter" op het menu, maar u weet niet wat het is. Vraag het aan de ober.
c. U wilt groentesoep en een uitsmijter bestellen. Wat zegt u?
d. Vraag om de wijnkaart.

2 Kennen Sie sich mit den niederländischen Trinkgewohnheiten aus? Testen Sie Ihre Kenntnisse mit dem folgenden Quiz zu Getränken und Speisen.

Wat is/zijn:

- een borreltje
- een jonge
- bitterballen
- een trappist
- een buckler
- een kopstoot
- een kriek

3 Ergänzen Sie **deze**, **die**, **dit** oder **dat**.

a. Dit broodje vind ik lekkerder dan ....
b. Hoe vind je .... wijn? Ik vind hem lekkerder dan .... andere.
c. Zij kent .... café beter dan dat.
d. Ik ken .... restaurant goed. Ik eet hier vaak.
e. .... belegde broodje kost € 1,50 en .... € 1,70.

Lektion
14
NEDERLAND
BOEKENLAND

Het is Nationale Boekenweek. Waar, wanneer en wat leest u? Vier Nederlanders beantwoorden deze vraag.

Marijke van Meurs, minister, 55 jaar:
Voor mijn werk moet ik veel lezen. In bed lees ik iedere avond een half uurtje, gewoon voor mijn plezier. Ik houd heel veel van Nederlandse literatuur. Het liefst lees ik poëzie, want dat gaat sneller. Voor dikke romans heb ik geen tijd. Op het ogenblik lees ik gedichten van Leopold die ik voor Sinterklaas heb gekregen. Heel erg mooi!

Hanneke Laan, scholiere, 17 jaar:
Ik heb dit jaar voor mijn eindexamen vwo 40 literaire werken gelezen. Gelukkig heb ik een uittrekselboek gekocht. Persoonlijk houd ik meer van strips, bijvoorbeeld Suske en Wiske en Jan, Jans en de kinderen. Die lees ik zondagochtend in bed, samen met de poes.

Robert de Jong, advocaat, 61 jaar:
Literatuur zegt me niet zoveel.
Ik ben een krantenmens. Iedere ochtend in de trein de Volkskrant en 's avonds thuis de NRC. In het weekend lees ik vaktijdschriften.

Jenny Heemskerk, 5 jaar:
Ik kan nog niet lezen, maar mama leest mij vaak verhaaltjes voor. Ik houd van Jip en Janneke.

Neue Wörter und Ausdrücke

het boekenland	das Bücherland
het boek	das Buch
Nationale Boekenweek	Nationale Buchwoche
beantwoorden	beantworten
de minister	der Minister
het werk	die Arbeit
het bed	das Bett
iedere avond	jeden Abend
gewoon voor mijn plezier	einfach so zu meinem Vergnügen
de literatuur	die Literatur
de poëzie	die Poesie
dik	dick
de roman	der Roman
dikke romans	dicke Romane
de tijd	die Zeit
op het ogenblik	im Augenblick
het gedicht	das Gedicht
Leopold	*niederl. Dichter (1865-1925)*
Sinterklaas	Nikolaus
heel erg mooi!	sehr schön!
de scholiere	die Schülerin
het eindexamen vwo	Abiturprüfung
literaire werken	literarische Werke
gelukkig	zum Glück
het uittrekselboek	gekürzte und vereinfachte Fassung
gekocht	gekauft
persoonlijk	persönlich
bijvoorbeeld	zum Beispiel
Suske en Wiske	*Comics von W. Vandersteen*
Jan, Jans en de kinderen	*Comics von J. Kruis*
zondagochtend	Sonntagmorgen
samen	zusammen
de poes	die Katze

de advocaat	der Rechtsanwalt
... zegt me niet zoveel	... interessiert mich nicht so sehr
de krant	die Zeitung
Ik ben een krantenmens.	Ich bin ein Zeitungsmensch.
de Volkskrant, de NRC	*ndl. überregionale Tageszeitungen*
in het weekend	am Wochenende
het vaktijdschrift	die Fachzeitschrift
voorlezen	vorlesen
vaak	oft
het verhaaltje	die Geschichte
Jip en Janneke	*Kindergeschichten von Annie M. G. Schmidt*

Erklärungen

1 **Das Perfekt** wird mit einer Form von **hebben** oder **zijn** plus Partizip gebildet.

Ik lees gedichten die ik voor Sinterklaas **heb gekregen**.
Ich lese Gedichte, die ich zu Nikolaus bekommen habe.
Ik **heb** dit jaar voor mijn eindexamen vwo 40 literaire werken **gelezen**.
Ich habe dieses Jahr für mein Abitur 40 literarische Werke gelesen.
Gelukkig **heb** ik een uittrekselboek **gekocht**.
Zum Glück habe ich eine gekürzte Fassung gekauft.

Genau wie im Deutschen gibt es schwache bzw. regelmäßige Verben und starke bzw. unregelmäßige Verben. Bei den starken (unregelmäßigen) Verben gibt es im Präteritum und im Partizip in der Regel einen Vokalwechsel. Sie finden die Perfektform der wichtigsten starken und unregelmäßigen Verben im Anhang auf Seite 137.

In dieser Lektion wenden wir uns aber den **schwachen Verben** zu. Bei ihnen bleibt der Stammvokal erhalten.
Das Partizip wird ausgehend vom Verbstamm gebildet. Den Stamm erhält man, indem man von der Grundform des Verbes (Infinitiv) die Endung **–en** streicht.: **werken** → **werk**; **reizen** → **reiz**.
Nach den Regeln der niederländischen Rechtschreibung wird aus einer offenen Silbe eine geschlossene Silbe mit Doppelvokal: **hopen** → **hoop; horen** → **hoor; zweven** → **zweev.**

Ebenso wird aus einem Doppelkonsonanten nach einem kurzen Vokal ein einfacher Konsonant: **kussen** → **kus; rennen** → **ren.**

An diesen Stamm hängt man bei den schwachen Verben die Endung **-t** oder **-d** an, und erhält so das Partizip.
Ist der letzte Buchstabe des Verbstamms ein **t**, **k**, **f**, **s**, **ch**, oder **p** (als Eselsbrücke kann man sich das Wort **'t kofschip** merken), dann bekommt das Partizip ein **t**.

Infinitiv: werken
Stamm: werk Partizip: gewerkt

Infinitiv: fietsen
Stamm: fiets Partizip: gefietst

In allen anderen Fällen verwenden Sie ein **d**.

Infinitiv: antwoorden
Stamm: antwoord Partizip: geantwoord

Infinitiv: horen
Stamm: hoor Partizip: gehoord

Bei der Bildung der richtigen Formen sollte man darauf achten, dass am Ende eines Wortes oder vor der Endung **-d** oder **-t** aus einem **v** ein **f** wird und aus einem **z** ein **s**:

reizen ik reis, ik reisde, ik heb gereisd
leven ik leef, ik leefde, ik heb geleefd

2 Es gibt verschiedene **Konjunktionen** für unterschiedliche Verwendungszwecke:

a. Aufzählungen, Auswahl:
Ik lees veel boeken **en** tijdschriften.
Ich lese viele Bücher und Zeitschriften.
Wat wilt u eten? Vlees **of** vis?
Was möchten Sie essen? Fleisch oder Fisch?

b. Grund, Ursache:
Het liefst lees ik poëzie, **want** dat gaat sneller.
Am liebsten lese ich Poesie, denn das geht schneller.

c. Gegensatz:
Ik kan nog niet lezen, **maar** mama leest mij vaak verhaaltjes voor.
Ich kann noch nicht lesen, aber Mama liest mir oft Geschichten vor.

d. Ziel, Resultat:
Vandaag is het prachtig mooi weer, **dus** we gaan naar het strand.
Heute ist wunderschönes Wetter, also gehen wir zum Strand.

3 Voorkeur aangeven – **Vorlieben beschreiben**

Ik houd heel veel van …
Besonders gerne mag ich …
Het liefst …
Am liebsten …
Persoonlijk houd ik meer van …
Persönlich mag ich eher …
Ik vind … goed/leuk enz.
Ich finde … gut/toll

4  Dagbladen

In Nederland zijn er 7 landelijke *(überregionale)* dagbladen. De Volkskrant is oorspronkelijk een katholieke krant, maar is tegenwoordig het grootste progressieve ochtendblad. De NRC staat bekend als een kwaliteitskrant met veel opinievormende *(meinungsbildenden)* artikelen. Andere dagbladen zijn De Telegraaf, het Algemeen Dagblad, Trouw, Het Parool en Het Financiële Dagblad.

Tageszeitungen
In den Niederlanden gibt es sieben überregionale Tageszeitungen. ***De Volkskrant*** *war ursprünglich eine katholische Zeitung, aber heutzutage ist sie die größte progressive Morgenzeitung. Die* ***NRC*** *ist bekannt als Qualitätszeitung mit vielen meinungsbildenden Artikeln. Andere Tageszeitungen sind* ***De Telegraaf****, das* ***Algemeen Dagblad, Trouw, Het Parool*** *und* ***Het Financiële Dagblad.***

1 Lesen Sie den Text „Nederland boekenland" noch einmal und setzen Sie dann die passenden Präpositionen ein:

voor, in, op, van, van

Marijke van Meurs, minister, 55 jaar:

Voor mijn werk moet ik veel lezen. .... bed lees ik iedere avond een half uurtje, gewoon .... mijn plezier. Ik houd heel veel .... Nederlandse literatuur. Het liefst lees ik poëzie, want dat gaat sneller. .... dikke romans heb ik geen tijd. .... het ogenblik lees ik gedichten .... Leopold die ik voor Sinterklaas heb gekregen. Heel erg mooi!

2 Setzen Sie die passende Konjunktion ein:

en, maar, want, of, dus, want, of

a. Vanuit Groningen kunt u de trein .... de bus nemen naar Assen.
b. Hij leest veel Nederlandse boeken .... hij wil de taal goed leren.
c. Mijn benzine is op .... ik moet even tanken.
d. Jan gaat met de auto naar het werk .... zijn collega neemt de trein.
e. Wij hebben in Oldenburg gewoond .... in Leer.
f. Vind je Nederlands moeilijk .... makkelijk?
g. Zij gaan vanavond uit eten .... ze zijn één jaar getrouwd.

3 Setzen Sie die Sätze ins Perfekt:

a. Ik reserveer de tafel.
b. Wij luisteren naar de gids.
c. We bestellen soep met stokbrood.
d. De ober wenst ons een prettige dag.
e. Hij bedankt de ober.
f. De reis kost € 400, per persoon.

4 Setzen Sie die folgenden Sätze ins Perfekt. Verwenden Sie dazu die eingeklammerten Satzteile.

Beispiel:
Ik lees iedere dag de krant. (vorig jaar: nooit *(nie)*)

Vorig jaar heb ik nooit e krant gelezen.

a. Morgen ga ik met de fiets naar het werk. (vandaag: met de bus)
b. Vandaag bestel ik een pizza. (vorige week: een sla *(Salat)*)
c. Volgende week spreken we over computers. (tot nu toe *(bis jetzt)*: over boeken)
d. Morgen help ik haar niet. (vandaag: de hele dag)
e. We wonen sinds twee weken in Amstelveen. (voordien: in Vlissingen)
f. Ik drink heel graag cola. (vroeger: nooit cola)

5 Bilden Sie zu den folgenden Sätzen Fragesätze im Perfekt.

Beispiel:
Ik zie hem niet. (jij?)

Heb jij hem gezien?

a. Ik hoor niets. (jullie?)
b. Ik luister niet naar de radio. (jij?)
c. Ik bel haar niet op. (hij?)
d. Jij eet niet veel. (ik?)
e. Ik betaal het boek. (wij?)
f. Ik kus haar niet. (u?)
g. Ik drink water of wijn. (zij?)
h. Ik heb de hele dag honger. (het kind?)
i. Wij wassen onze handen. (wij?)

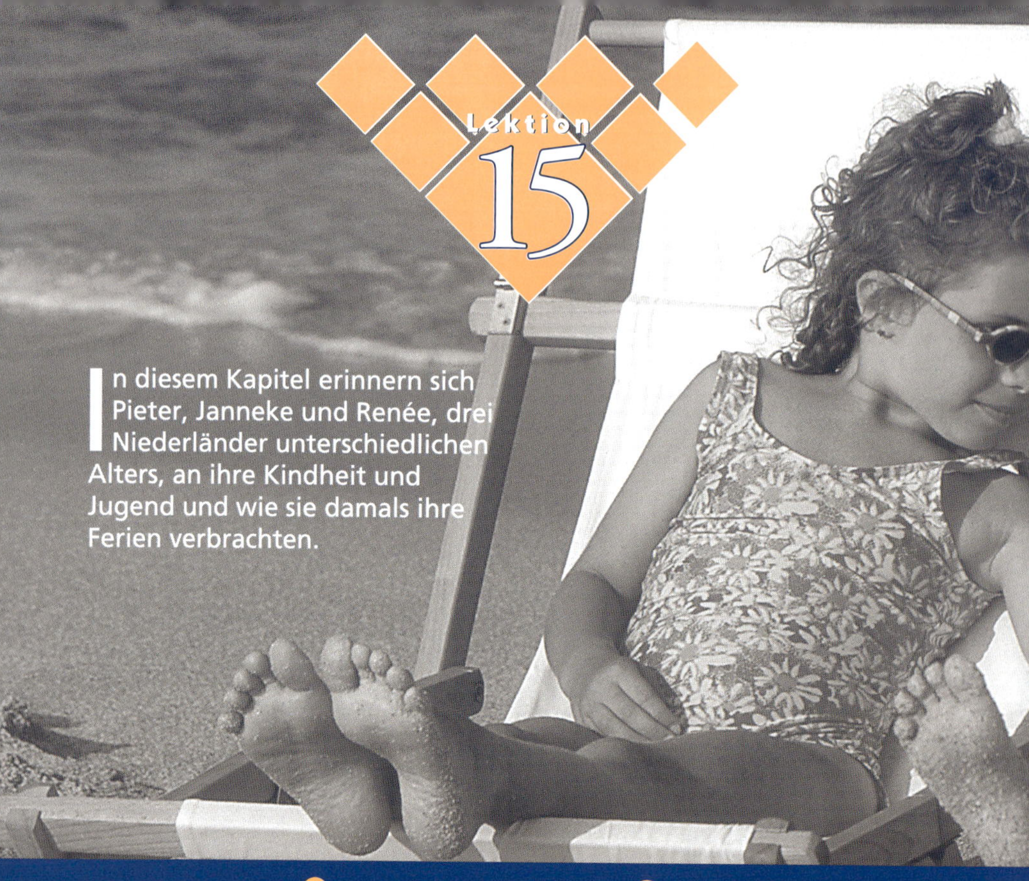

In diesem Kapitel erinnern sich Pieter, Janneke und Renée, drei Niederländer unterschiedlichen Alters, an ihre Kindheit und Jugend und wie sie damals ihre Ferien verbrachten.

Herinneringen

Pieter, leraar, 36 jaar oud

Toen ik nog een kind was, gingen mijn ouders vrij vaak met ons met vakantie. Meestal vlogen we ergens heen, maar soms bleven we ook gewoon gezellig thuis. Toen waren de zomers nog echte zomers, het was lekker warm en de zon scheen de hele dag. Ik heb heel wat verre landen gezien en een heleboel mensen leren kennen, bij voorbeeld mijn vrouwtje. We zijn nu al sinds vijf jaar getrouwd. Volgende week komen mijn schoonbroer en schoonzus ons bezoeken. Dat wordt vast spannend, want ze waren een half jaar in Zuid-Afrika!

Janneke, verkoopster, 23 jaar oud

De meeste vakanties heb ik als kind bij mijn grootouders doorgebracht. Mijn grootvader had zo'n prachtige grote vijver en daar gingen we dan altijd samen

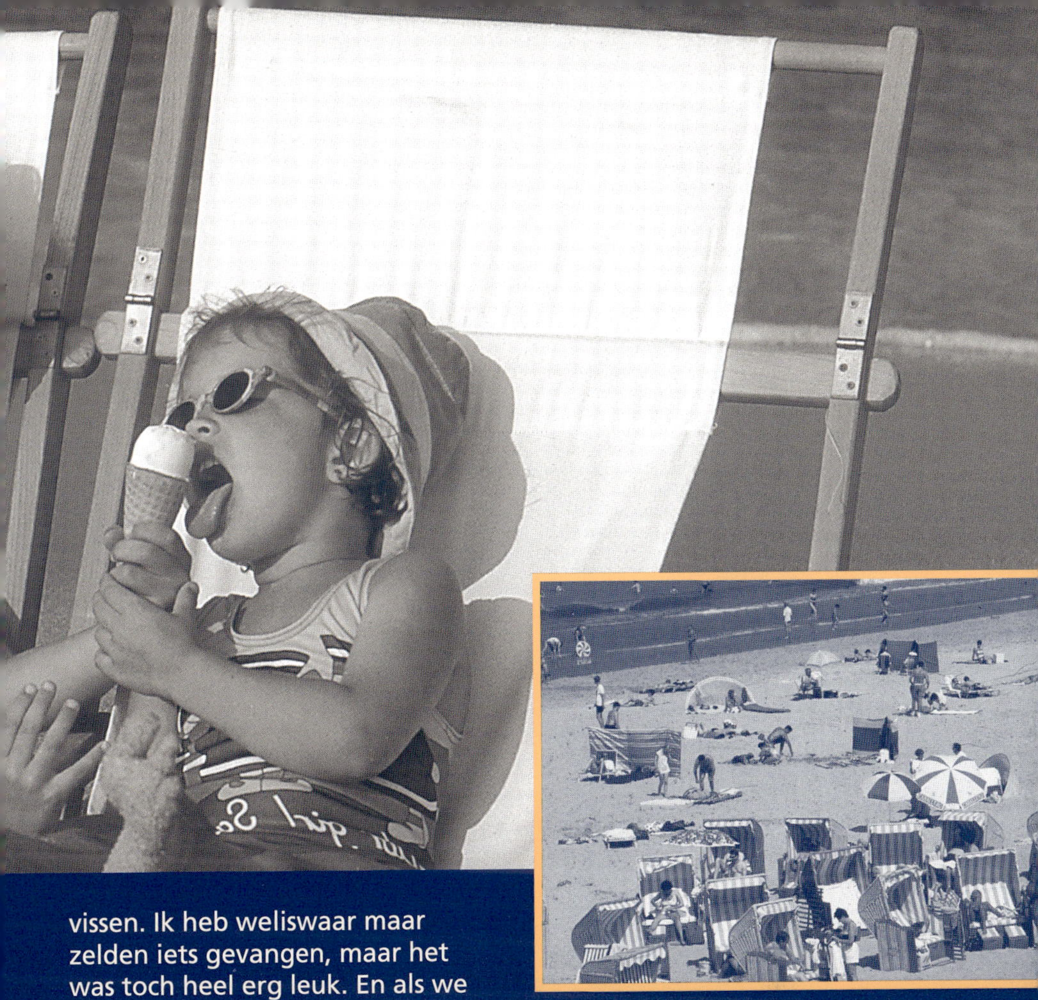

vissen. Ik heb weliswaar maar zelden iets gevangen, maar het was toch heel erg leuk. En als we dan 's avonds moe naar huis kwamen, had grootmoeder altijd van die lekkere pannenkoeken gemaakt. Opa en oma zijn vorig jaar gestorven. Het waren echt heel lieve mensen, ik mis ze heel erg.

Renée, huisvrouw, 56 jaar oud

Vroeger heb ik mijn vakanties meestal bij mijn tante en mijn oom doorgebracht. Mijn ouders moesten altijd werken omdat ze zelfstandig waren. Dan werd ik daar afgezet. Mijn nicht was net zo oud als ik en mijn neef een jaar of tien jonger. Die wou altijd alles meedoen wat wij deden, we konden nergens heen zonder hem. Meestal zijn we dan maar naar het strand gelopen en hebben daar in het zand gespeeld. Ik weet niet meer hoeveel zandkastelen we toen hebben gebouwd, maar het waren er wel een heleboel.

Neue Wörter und Ausdrücke

de herinnering	die Erinnerung
de leraar	der Lehrer
toen	*(Konj.:)* als, *(Adv.:)* damals
het kind	das Kind
de ouders (*Pl.*)	die Eltern
vrij vaak	ziemlich oft
meestal	meistens
vliegen (vloog, gevlogen)	fliegen
ergens	irgendwo
soms	manchmal
blijven (bleef, gebleven)	bleiben
heel wat	eine ganze Menge
ver	fern, weit
een heleboel	eine ganze Menge
leren kennen	kennen lernen
het vrouwtje	die Frau
sinds	seit
de schoonbroer	der Schwager
de schoonzus	die Schwägerin
bezoeken (bezocht, bezocht)	besuchen
vast	*(hier:)* bestimmt, gewiss
de verkoopster	die Verkäuferin
de grootouders *(Pl.)*	die Großeltern
de grootvader	der Großvater
prachtig	prächtig
de vijver	der Teich
vissen	angeln
weliswaar	zwar
zelden	selten
vangen (ving, gevangen)	fangen
moe	müde
de grootmoeder	die Großmutter
de pannenkoek	der Pfannkuchen
de opa	der Opa
de oma	die Oma
sterven (stierf, gestorven)	sterben
missen (miste, gemist)	vermissen
de huisvrouw	die Hausfrau
vroeger	früher
zelfstandig	selbstständig
afzetten (zette af, afgezet)	absetzen
de nicht	die Kusine; die Nichte
net	genau
net zo oud	genauso alt
de neef	der Cousin; der Neffe
een jaar of tien	etwa zehn Jahre
meedoen (deed mee, meegedaan)	mitmachen
nergens	nirgendwo
zonder	ohne
het zand	der Sand
lopen (liep, gelopen)	laufen
spelen (speelde, gespeeld)	spielen
weten (wist, geweten)	wissen
het zandkasteel	die Sandburg
bouwen (bouwde, gebouwd)	bauen

Erklärungen

1 Hier sehen Sie eine niederländische **Familie**. Viele der Bezeichnungen kennen Sie ja schon.

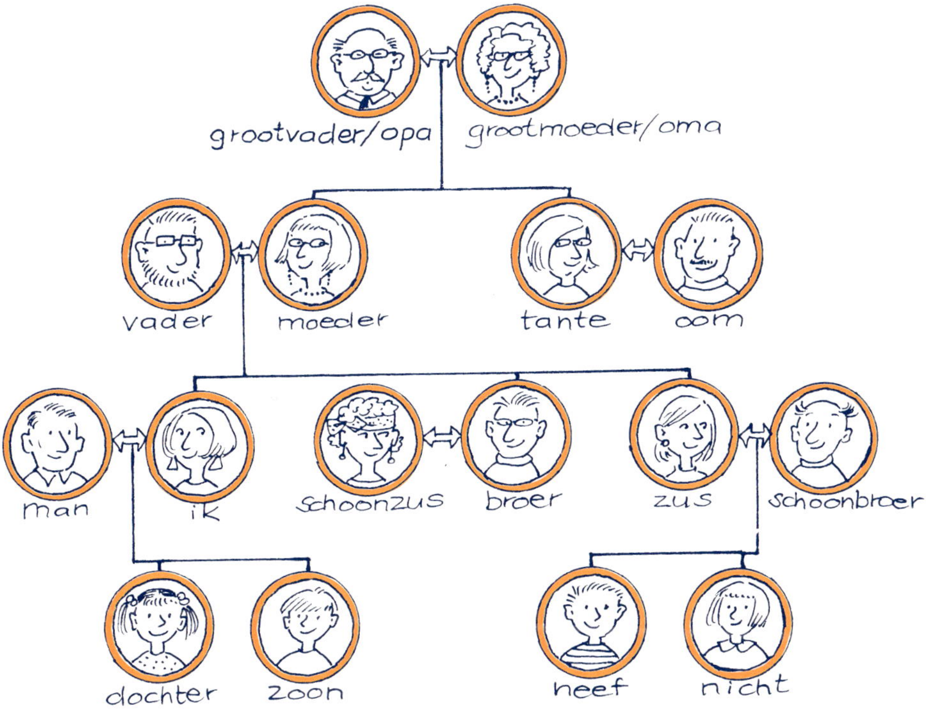

grootvader/opa
grootmoeder/oma

vader
moeder
tante
oom

man
ik
schoonzus
broer
zus
schoonbroer

dochter
zoon
heef
nicht

2 Das **Imperfekt starker Verben** hat im Singular keine Endung und im Plural die Endung **-en**. Außerdem findet bei starken Verben im Imperfekt und Partizip häufig ein Wechsel des Stammvokals statt.

	vangen
ik	ving
jij/u	ving
hij/zij	ving
wij	vingen
jullie	vingen
zij	vingen

	vliegen
ik	vloog
jij/u	vloog
hij/zij	vloog
wij	vlogen
jullie	vlogen
zij	vlogen

Ein Verzeichnis der starken Verben und ihrer Formen finden Sie auf Seite 137.

Erklärungen

3 Es ist Ihnen bestimmt schon aufgefallen, dass im Niederländischen wesentlich mehr **Verkleinerungswörter** verwendet werden als es im Deutschen üblich ist. Man benutzt sie um auszudrücken, dass etwas klein, lieb oder einfach nur schön oder angenehm ist. Für Deutsche hört sich das manchmal recht ungewohnt an, für Niederländer ist es aber ganz normal.

Wat een lekker **weertje**!
Was für ein herrliches Wetter!

Heeft u een **ogenblikje**?
Haben Sie einen Augenblick Zeit?

Witzig ist, dass das Niederländische – im Gegensatz zum Deutschen – Verkleinerungsformen nicht nur von Substantiven, sondern beispielsweise auch von Adjektiven, Adverbien, Pronomina, Verben und sogar von Zahlwörtern ableiten kann. Wenn das neu entstandene Wort ein Adverb ist, wird der Verkleinerungsform ein **-s** angehängt.

Het is hier wel erg **stilletjes**.
Es ist hier schon ziemlich ruhig.

Mag ik je **eventjes** storen?
Darf ich dich eben stören?

Ik heb dat helemaal in mijn **eentje** gedaan.
Ich habe das ganz alleine gemacht.

Kunt u misschien **ietsjes** harder praten?
Könnten Sie vielleicht etwas lauter sprechen?

We komen met ons **drietjes**. (*auch:* We komen met ons drieën.)
Wir kommen zu dritt.

4 Zur **Bildung**: Verkleinerungswörter sind, genauso wie im Deutschen, immer sächlich, also **het**-Wörter. In der Regel bildet man die Verkleinerungsform, indem man dem Grundwort die Endung **-je** anhängt.

huis: huisje
kind: kindje

Diese Endung **-je** ändert sich manchmal in **-etje, -kje, -pje** oder **-tje**.

Die Endung **-etje** wird bei Substantiven auf **-ing** benutzt, wenn nicht die vorletzte, sondern eine andere Silbe betont wird, oder wenn das Substantiv auf **-ling** endet.

tekening: tekeningetje
Zeichnung
wandeling: wandelingetje
Spaziergang

Daneben benutzen wir **-etje** bei Grundwörtern mit einem kurzen, unbetonten Vokal, die außerdem enden auf **b, l, m, n, ng** oder **r**. (Nach den Regeln der niederländischen Rechtschreibung wird dieser Konsonant verdoppelt.)

krab: krabbetje
Krabbe
stil: stilletjes (Adv.)
leise, ruhig
kom: kommetje
Schüssel
kan: kannetje
Kanne
ring: ringetje
Ring
kar: karretje
Karre

Die Endung **-kje** kommt recht selten vor, und zwar nur bei Substantiven auf **-ing**, wenn die vorletzte Silbe betont wird.

Erklärungen

ketting: kettinkje
Kette
koning: koninkje
König

-pje benutzt man bei Grundwörtern mit einem langen Vokal oder einem Diphthong, dem ein m folgt, oder bei Wörtern, die enden auf **-em**, **-lm** oder **-rm**.
boom: boompje
Baum
duim: duimpje
Daumen
kalm: kalmpjes (Adv.)
ruhig
warm: warmpjes (Adv.)
warm

-tje verwendet wir bei Grundwörtern mit einem Schwa, einem langen Vokal oder einem Diphthong, dem manchmal ein **l**, **n**, **r** oder **w** folgt. Ein einfacher Vokal (**a**, **e**, **o**, **u**) wird verdoppelt.

auto: autootje
Auto
baan: baantje
Job, Stelle
café: cafeetje
Kneipe
even: eventjes (Adv.)
mal eben
paraplu: parapluutje
Regenschirm
vuur: vuurtje
Feuer

5 In einigen **festen Redewendungen** muss man das Verkleinerungswort verwenden, da es eine andere Bedeutung hat als das ursprüngliche Grundwort.
ditje, datje: We hebben over ditjes en datjes gepraat.
Wir haben über Gott und die Welt geredet.
telefoontje: Ik verwacht een telefoontje.
Ich erwarte einen Anruf.

Übungen

1 Bilden Sie die Verkleinerungsform:

a. de broer ....
b. de naam ....
c. de winkel ....
d. de tomaat ....
e. de poes ....
f. het boek ....
g. de auto ....
h. het museum ....
i. de kamer ....
j. het kind ....

2 Verworrene Familienverhältnisse? Eigentlich nicht. Man kann es auch ganz einfach sagen. Können Sie die passenden Bezeichnungen ergänzen?

a. De zus van mijn moeder is mijn …
b. De moeder van mijn vader is mijn …
c. De dochter van mijn broer is mijn …
d. De man van de zus van mijn vader is mijn …
e. De vader van mijn moeder is mijn …
f. De zoon van de broer van mijn vader is mijn …
g. De broer van mijn dochter is mijn …

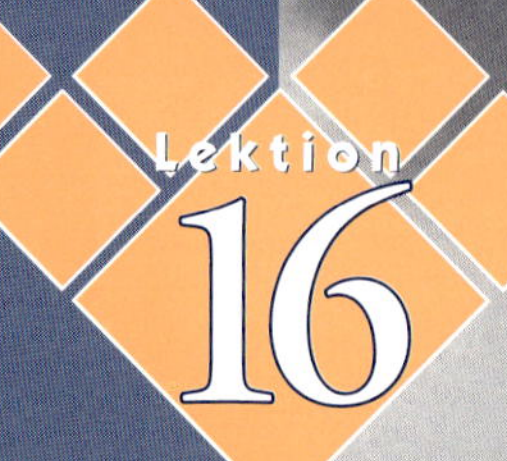

TOERISTISCHE TIP ANTWERPEN

Wie Sie ja bereits wissen, wird Niederländisch auch in Belgien gesprochen, um genauer zu sein, in **Vlaanderen**. In dieser Lektion werden Sie einen kleinen touristischen Abstecher in die flämische Stadt Antwerpen machen.

Abb. rechts oben: Blick auf Antwerpen.
Abb. mitte: Brabo-Brunnen auf dem Grote Markt.
Abb. links: Plastik im Openluchtmuseum Middelheim.

Wim Goossens: Goedemorgen, Dienst voor het toerisme, met Wim Goossens.

Tom Kok: Goedemorgen, u spreekt met Tom Kok. Ik zou van u graag wat informatie over de stad Antwerpen willen hebben, omdat mijn gezin en ik van plan zijn de komende week een paar dagen daar te verbrengen. Kunt u mij informatie geven over bezienswaardigheden in Antwerpen?

Wim Goossens: Ja zeker. Als u naar Antwerpen gaat, kunt u in de musea kennis maken met de Vlaamse cultuur en historie. Wij hebben hier talrijke musea. De bekendste zijn het Rubenshuis, het Nationaal Scheepvaartmuseum en het Museum Plantin Moretus. Zal ik u hierover informatie zenden?

Tom Kok: Ja graag.

Wim Goossens: Als u Antwerpen in het weekend bezoekt moet u op zondag ook een bezoekje brengen aan de 'Vogelenmarkt'. Op deze markt vindt u altijd wel een hebbedingetje uit groot-moeders tijd. Maar vergeet vooral ook niet in onze gezellige cafés te genieten van de heerlijke Belgische bieren.

Tom Kok: Bedankt voor de informatie.

Wim Goossens: Geen dank. Ik hoop dat u een plezierig verblijf in Antwerpen hebt.

Neue Wörter und Ausdrücke

toeristisch	touristisch
de tip	der Tipp
de Dienst voor het toerisme	das Fremdenverkehrsamt *(in Belgien)*
de informatie	die Information(en), Auskunft
omdat	weil
het gezin	die Familie
van plan zijn	vorhaben
de bezienswaardigheid	die Sehenswürdigkeit
musea	Museen *(Plural von museum)*
kennis maken met	kennen lernen
Vlaams	flämisch
de cultuur	die Kultur
de Vlaamse cultuur en historie	die flämische Kultur und Geschichte
talrijk	zahlreich
bekendste	bekannteste(r)
het Rubenshuis	das Rubenshaus
het Nationaal Scheepvaartmuseum	das Nationale Schifffahrtsmuseum
het Museum Plantin Moretus	das Plantin Moretus Museum
hierover	hierüber
zenden	zusenden
bezoeken	besuchen
het bezoek	der Besuch
een bezoekje brengen aan	besuchen, einen Besuch abstatten
de Vogelenmarkt	der Vogelmarkt
het hebbedingetje	der Nippes
vergeten	vergessen
vooral	vor allem
genieten van	genießen
plezierig	vergnüglich, angenehm

Erklärungen

1 Nachdem wir in Lektion 15 das Imperfekt der starken und unregelmäßigen Verben behandelt haben, ist es nun Zeit für **das Imperfekt der schwachen Verben.**

Auch hier gehen wir wieder vom Verbstamm aus. Wie er gebildet wird und welche Regeln der Rechtschreibung dabei zu beachten sind, haben Sie ja schon in Lektion 14 erfahren.
Das Imperfekt eines schwachen Verbs erhalten Sie, wenn sie an den Stamm die Endung **-te(n)** oder **-de(n)** anhängen.
Ist der letzte Buchstabe des Verbstamms ein **t**, **k**, **f**, **s**, **ch** oder **p** (**'t kofschip**), dann lautet die Imperfektendung **-te** (Einzahl) oder **-ten** (Mehrzahl).

Infinitiv	*Stamm*	*Imperfekt*
werken	wer**k**	ik werkte
fietsen	fiet**s**	jij fietste

In allen anderen Fällen müssen Sie die Endung **-de** oder **-den** verwenden.

proberen	probee**r**	wij probeerden
antwoorden	antwoor**d**	u antwoordde

Bourla Theater

Erklärungen

2 Neu in diesem Text war ein Satzgefüge mit **omdat** *weil*. **Omdat** leitet einen Nebensatz ein und verbindet ihn mit dem Hauptsatz. Wie im Deutschen kann der Nebensatz vor oder hinter dem Hauptsatz stehen.

Hij wil informatie over Antwerpen omdat hij er naartoe gaat.
Er möchte Informationen über Antwerpen, weil er dort hinfährt.

Omdat hij naar Antwerpen gaat, wil hij informatie over de stad krijgen.
Weil er nach Antwerpen fährt, möchte er Informationen über die Stadt bekommen.

Hier und in den meisten Fällen ist **die Wortfolge in Nebensätzen** so wie im Deutschen. Es gibt aber einen wichtigen Unterschied, der Ihnen vielleicht auch schon aufgefallen ist: Wenn ein gebeugtes Verb und ein Infinitiv im Nebensatz miteinander verbunden werden, steht das gebeugte Verb im Niederländischen vor dem Infinitiv.

Hij tekent, omdat hij niet kan schrijven.
Er zeichnet, weil er nicht schreiben kann.

Ik vind het jammer dat je niet mag komen.
Ich finde es schade, dass du nicht kommen darfst.

Bei den Verben **hebben** und **zijn** sind beide Reihenfolgen möglich: die deutsche und die niederländische. Einen Bedeutungsunterschied gibt es dabei nicht, lediglich regionale Unterschiede.

Ik dacht dat ik iets had gehoord./Ik dacht dat ik iets gehoord had.
Ich dachte, dass ich etwas gehört hatte.

3 **Bezienswaardigheden in Antwerpen**

In de tekst wordt gesproken over het Rubenshuis, het Museum Plantin Moretus en het Nationaal Scheepvaartmuseum.
In het Rubenshuis zijn diverse schilderijen (*Gemälde*) van de 17de eeuwse (eeuw = *Jahrhundert*) schilder (*Maler*) Rubens en zijn leerlingen te bewonderen.
Het museum Plantin Moretus is de voormalige drukkerij van Christoffel Plantin. Plantin was in de 16de eeuw de belangrijkste drukker van Europa.
Het Nationaal Scheepvaartmuseum geeft een beeld van de rijke scheepvaarthistorie van Antwerpen.

Sehenswürdigkeiten in Antwerpen
Im Text wird vom Rubenshaus, dem Museum Plantin Moritus und dem Nationalen Schifffahrtsmuseum gesprochen.
Im Rubenshaus sind verschiedene Gemälde von dem aus dem 17. Jahrhundert stammenden Maler Rubens und seinen Schülern zu bewundern.
Das Museum Plantin Moretus ist die ehemalige Druckerei von Christoffel Plantin. Plantin war im 16. Jahrhundert der wichtigste Drucker Europas.
Das Nationale Schifffahrtsmuseum gibt einen Eindruck von der reichen Schifffahrtsgeschichte Antwerpens.

Rubenshuis

1 Letztes Jahr hatten Wim Goossens und seine Frau einen Städtetripp nach Brüssel unternommen. Hier lesen Sie seinen Bericht. Auch wenn Ihnen nicht jedes Wort bekannt ist, den Sinn verstehen Sie bestimmt. Aber können Sie die Verben auch ins Imperfekt setzen?

a. Vorig jaar .... (bezoeken) wij Brussel. We .... (bekijken) daar verschillende musea. We .... (brengen) ook een bezoek aan het Atomium. Het Atomium .... (zijn) in 1958 de belangrijkste attractie op de Wereldtentoonstelling .... (vertellen) onze gids. Iedereen .... (luisteren) aandachtig naar wat zij .... (zeggen).

b. We .... (gaan) ook met een supersnelle lift die ons heel snel naar de top op 100 meter .... (brengen). Hier .... (hebben) we een prachtig uitzicht over Brussel. Daarna .... (gaan) ik samen met mijn vrouw een wandeling maken door de binnenstad. We .... (zien) de prachtigste oude gebouwen. Het bezoek aan Brussel .... (vinden) ik zeer indrukwekkend *(eindrucksvoll)*.

2 Welche Sätze gehören zusammen? Kombinieren Sie zu den Teilsätzen 1–6 die passende Ergänzung den Teilsätzen a–f.

1 Ik leer Nederlands omdat …
2 Jan keek heel blij toen …
3 De lerares zegt dat …
4 Zij bezoeken het Rijksmuseum in Amsterdam terwijl …
5 Ik zal hem bellen zodra …
6 Ik blijf hier staan wachten totdat …

a. … ik thuis ben.
b. … de bus komt.
c. … wij een rondvaart door de grachten maken.
d. … mijn vrouw Nederlandse is.
e. … hij het goede nieuws hoorde.
f. … steeds meer Duitsers Nederlands leren.

3 **Uitspraakoefening**
Ausspracheübung:

a. toeristisch goedemorgen bezoek
b. dienst bezien genieten
c. school scheepvaart
d. u uur
e. kunnen cultuur

4 Bilden Sie zu den folgenden Sätzen das Imperfekt.

a. Ik kom nooit mee.
b. Hij leest veel.
c. Zij schrijft mooie brieven.
d. Wij eten graag thuis.
e. Ik spreek geen Duits.
f. Hij hoort niet goed.

Übungen

5 Ergänzen Sie die fehlenden Präpositionen. Wählen Sie aus:

met, op, naar, sinds, van, over, uit, van, bij, naar, op

a. Ik zoek informatie .... de stad Maastricht.

b. Ik heb al kennis gemaakt .... haar.

c. Ik heb nog een paar mooie foto's .... grootmoeders tijd.

d. Wil je mee .... het strand?

e. Hij zit .... een terrasje en geniet .... het heerlijke weer.

f. Hij brengt zijn vakantie meestal door .... zijn tante.

g. Volgende week gaan we .... Frankrijk.

h. We zijn .... vijf jaar getrouwd.

i. Ik houd niet erg veel .... boeken.

6 Übersetzen Sie die deutschen Wörter ins Niederländische.

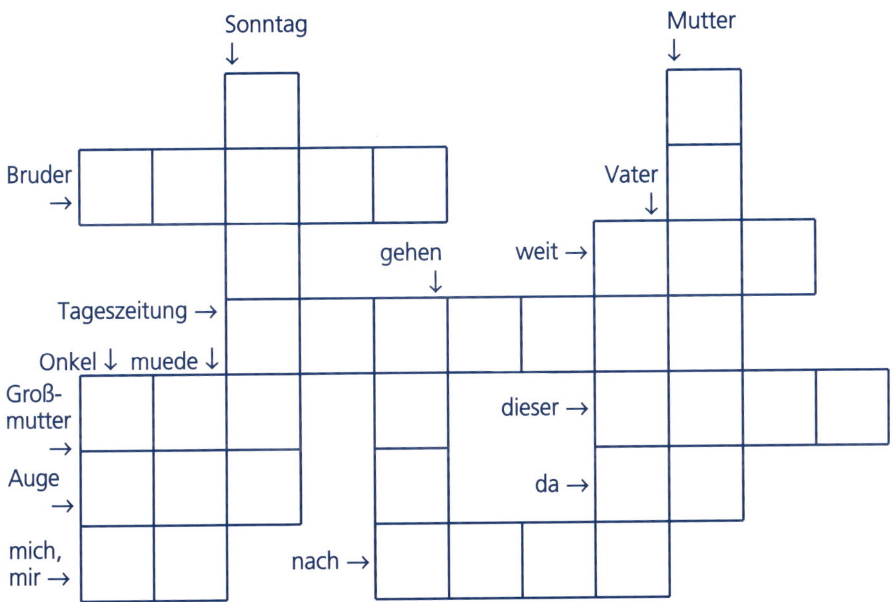

RECEPT

Die Essgewohnheiten der Niederländer sind höchst unterschiedlich. Die klassische diederländische Mahlzeit, **aardappelen, groenten en een stukje vlees**, hat Konkurrenz in Gestalt von 'exotischen' Küchen bekommen. In den sechziger Jahren kam **Chinees eten** in Mode. Und danach hielten die Kochkünste der Italiener und Spanier Einzug.

Rijst met kipfilet en tomatensalsa

375 g rijst
3 vleestomaten
1 ui, geraspt
1 klein blikje maïs
3 eetlepels chilisaus
1 eetlepel fijngehakte peterselie of koriander
zout
4 kipfilets
vers gemalen peper
25 g boter of margarine

Voorbereiding

* Ontvel de tomaten, verwijder de zaadjes en hak het vruchtvlees fijn. Laat het vruchtvlees in een zeef iets uitlekken.
* Schep voor de jus de tomaten, de ui, de uitgelekte maïs, de chilisaus en de peterselie of koriander door elkaar.

Bereiding

* Kook de rijst gaar in water met zout volgens de aanwijzingen op de verpakking.
* Bestrooi intussen de filets met peper en wat zout en bak ze in de boter op een matig vuur in ca. 15 minuten bruin en gaar.
* Serveer de rijst bij de kipfilet en de salsa.

Voorbereidingstijd:
ca. 10 minuten
Bereidingstijd:
ca. 25 minuten

Hoofdgerecht voor 4 personen
Bevat per portie:
535 calorieën/2245 kilojoules

Neue Wörter und Ausdrücke

het recept	das Rezept
het ingrediënt	die Zutat
de rijst	der Reis
de kipfilet	das Hähnchenfilet
de tomatensalsa	das Tomatenmark, die Tomatensoße
de vleestomaat	die Fleischtomate
de ui	die Zwiebel
geraspt	geraspelt, gehackt
het blikje	die Dose
de maïs	der Mais
de eetlepel	der Esslöffel
de chilisaus	die Chilisauce
fijngehakt	feingehackt
de peterselie	die Petersilie
de koriander	der Koriander
het zout	das Salz
gemalen	gemahlen
de peper	der Pfeffer
de boter	die Butter
de margarine	die Margarine
de voorbereiding	die Vorbereitung
ontvellen	schälen, pellen
verwijderen	entfernen
het zaad	der Samen
hakken	hacken
het vruchtvlees	das Fruchtfleisch
de zeef	das Sieb
uitlekken	abtropfen
scheppen	schöpfen, schaufeln
de jus	die Soße, (Fleisch)brühe
elkaar	einander
door elkaar	durcheinander
koken	kochen
gaar	gar
het water	das Wasser
volgens	gemäß, zufolge
de aanwijzingen *Pl.*	die Anweisung
de verpakking	die Verpackung
bestrooien	bestreuen
intussen	inzwischen
wat	etwas, ein wenig
bakken	backen
het vuur	die Hitze
matig	mäßig
bruin	braun
serveren	servieren
de voorbereidings-tijd	die Vorbereitungs-zeit
de bereidingstijd	die Zubereitungszeit
het hoofdgerecht	das Hauptgericht
bevatten	enthalten, fassen
de portie	die Portion
per portie	pro Portion
de calorie	die Kalorie

Erklärungen

1 In Rezepten stehen die Verben in der Form des **Imperativs** bzw. in der Befehlsform. Erinnern Sie sich noch, wie der Imperativ gebildet wird? Hier noch einmal eine kurze Zusammenfassung:

a. Ohne Subjekt (das Verb hat die Form des Stammes). Diese Form verwendet man u. a. für die Kochanweisungen in Rezepten.

Ontvel de tomaten.
Hak het vruchtvlees fijn.
Laat het vruchtvlees in een zeef iets uitlekken.

b. Mit Subjekt (in der zweiten Person). Dies ist die Höflichkeitsform, mit der man das Pronomen bzw. die Person betont.
Zegt u het maar.
Geeft u mij maar een koffie.

Erklärungen

2 Im Niederländischen gibt es – genauso wie im Deutschen – **trennbare und untrennbare Verben.** Die trennbaren Verben bestehen aus einer Vorsilbe (z. B. **aan-, af-, mee-, op-, over-, uit-**) und einem Grundverb. Im Infinitiv bleiben die Vorsilbe und das Verb zusammen, bei der Beugung werden sie dann getrennt.

uitgaan
ausgehen
Zullen we vanavond uitgaan?
Wollen wir heute Abend ausgehen?
We gaan vanavond lekker uit!
Wir gehen heute Abend gemütlich aus!
We zijn gisterenavond uitgegaan.
Wir sind gestern Abend ausgegangen.

Bis auf wenige Ausnahmen sind alle Verben, die im Deutschen trennbar sind, im Niederländischen ebenfalls trennbar. Einen kleinen Unterschied im Vergleich mit dem Deutschen gibt es allerdings in der Rechtschreibung: Wenn die Vorsilbe mit **te** *(zu)* verbunden wird, wird im Niederländischen das Verb getrennt geschrieben.

Ik heb geen zin om uit te gaan.
Ich habe keine Lust auszugehen.

3 Nederlandse eetgewoonten

Als ontbijt eten Nederlanders brood met kaas, hagelslag *(Schokostreusel)*, pindakaas *(Erdnusscreme)*, jam of vleeswaren *(Aufschnitt)*. Ze drinken daarbij veel koffie of thee. De lunch bestaat uit koffie of melk en brood. Een warme maaltijd bestaat vaak uit aardappelen, groente, vlees of vis. In de winter wordt er veel stamppot *(Eintopf)* gegeten. Stamppot bestaat uit aardappelen, groente (vaak boerenkool) *(Grünkohl)*, andijvie of wortels *(Karotten)* met uien, vlees of rookworst *(Rauchwurst)*. Een ander typisch Nederlands gerecht is erwtensoep *(Erbsensuppe)*. Dit wordt vaak gegeten als hoofdgerecht. Het bestaat uit een warme erwtenbrij, met daarin stukjes vlees en groente. Na de warme maaltijd eet men een toetje *(Nachspeise)*: yoghurt, vla *(Pudding)* of fruit.
Als tussendoortje *(Zwischenmahlzeit)* eten Nederlanders graag patat met mayonaise, een kroket, of een frikandel. Of ze gaan naar de visboer voor een haring. Deze eet de Nederlander door de staart *(Schwanz)* van de vis te pakken en hem langzaam in de mond te laten zakken.

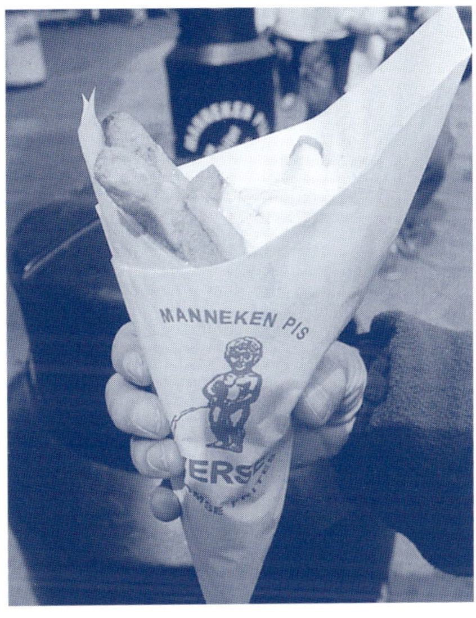

Niederländische Essgewohnheiten
Zum Frühstück essen Niederländer Brot mit Käse, Schokostreusel, Erdnussbutter, Marmelade oder Aufschnitt. Sie trinken dazu viel Kaffee oder Tee. Das Mittagessen besteht aus Kaffee oder Milch und Brot. Eine warme Mahlzeit besteht häufig aus Kartoffeln, Gemüse, Fleisch oder

Erklärungen

Fisch. Im Winter wird viel Eintopf gegessen. Der Eintopf besteht aus Kartoffeln, Gemüse (oft Grünkohl), Endiviensalat oder Möhren mit Zwiebeln, Fleisch oder Rauchwurst. Ein anderes typisch niederländisches Gericht ist Erbsensuppe. Diese wird häufig als Hauptgericht gegessen. Sie besteht aus einem warmen Erbsenbrei mit Fleischstückchen und Gemüse. Nach der warmen Mahlzeit isst man eine Nachspeise: Joghurt, Pudding oder Obst.
Als Zwischenmahlzeit essen Niederländer gerne Pommes frites mit Majonäse, eine Fleischkrokette oder eine Frikadelle. Oder sie kaufen beim Fischhändler einen Hering (wörtl.: sie gehen zum Fischhändler für einen Hering). Diesen isst der Niederländer, indem er den Schwanz des Fischs festhält und den Fisch langsam in den Mund sinken lässt.

Übungen

1 Setzen Sie die passende Formen der folgenden Verben ein:

bakken, laten, koken, scheppen, serveren, verwijderen

Voorbereiding

* Ontvel de tomaten, ... de zaadjes en hak het vruchtvlees fijn.

  .... het vruchtvlees in een zeef iets uitlekken.

* .... voor de salsa de tomaten, de ui, de uitgelekte maïs, de chilisaus en de peterselie of koriander door elkaar.

Bereiding

* .... de rijst gaar in water met zout volgens de aanwijzingen op de verpakking.
* Bestrooi intussen de filets met peper en

  wat zout en .... ze in de boter op een matig vuur in ca. 15 minuten bruin en gaar.

* .... de rijst bij de kipfilet en de salsa.

Übungen

2 Schreiben Sie das folgende Rezept so um, dass es in einem Kochbuch stehen könnte. Verwenden Sie also den Imperativ.

Gekookte boerenkool voor vier personen

1,5 kg boerenkool
zout
30 gram boter

Beispiel:
Boerenkool wassen.

Was de boerenkool.

De boerenkool in een pan doen.

....

Een beetje water toevoegen.

....

Ook een beetje zout erbij doen.

....

De boerenkool 30 min. laten koken.

....

Daarna de boerenkool laten uitlekken.

....

Met een klontje boter de boerenkool opwarmen.

....

3 Formen Sie die Vorschläge in Feststellungen um.

Beispiel:
Laten we vanavond uitgaan!
We gaan vanavond uit.

a. Laten we ons aankleden.
b. Laten we met hen meegaan.
c. Laten we onze vakantie in Spanje doorbrengen.
d. Laten we een verhaaltje voorlezen.
e. Laten we zijn telefoonnummer opschrijven.

4 Bilden Sie zu den folgenden recht direkten Befehlsformen einen etwas indirekteren Imperativ mit dem Pronomen **u**.

Beispiel:
Zeg het maar!
Zegt u het maar!

a. Loop even mee!
b. Kom maar langs!
c. Bel me even terug!
d. Help me even!
e. Geef me eens even dat boek!
f. Laat me toch met rust!

Lektion 18

HET KAN VRIEZEN, HET KAN DOOIEN

Lesen Sie manchmal Ihr Horoskop? Und glauben Sie, was darin gesagt wird?
In dieser Lektion geht es um Sternzeichen und darum, wie das Sternzeichen den Charakter einer Person beeinflusst.

Stier
21 april – 21 mei

Je status groeit, Stier, als je ervoor zorgt dat je niet al te veel in dromenland vertoeft. Diverse mannen helpen je met een nieuwe start. Die is misschien niet zo snel als je zou willen, maar het komt goed op de lange termijn.

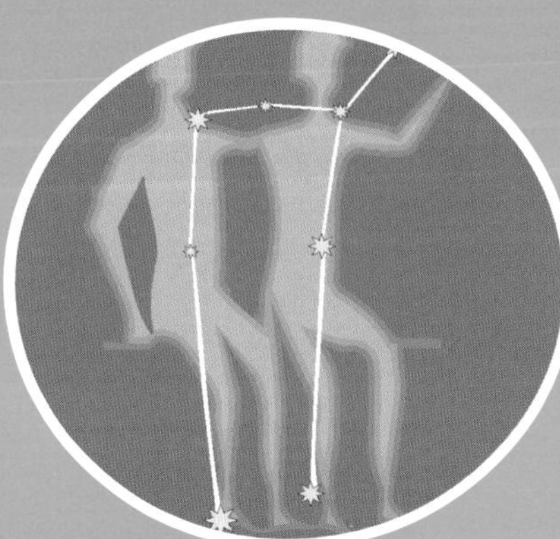

Tweelingen
21 mei – 21 juni

Niets, Tweelingen, is zo vluchtig als roem en succes. Of het zou geld moeten zijn, dat door je vingers sijpelt als water. Helaas gaan in onze materialistische maatschappij bezit en succes maar al te vaak samen. Probeer er grip op te krijgen.

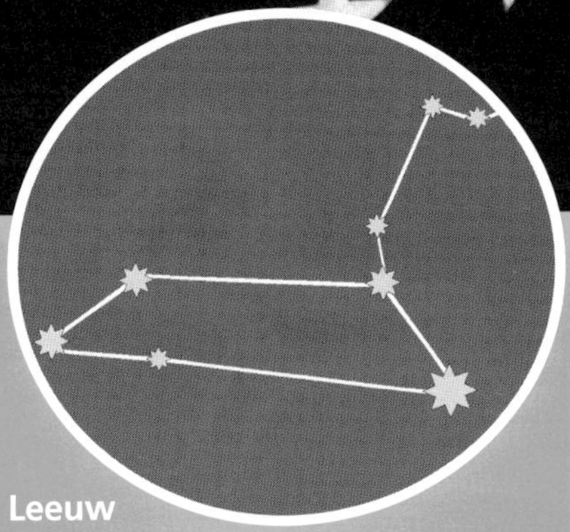

Leeuw
24 juli – 23 augustus

Als een tijger, Leeuw, komt de twijfel aansluipen, in het midden van de week. Dat doet het geluk en het financiële succes van de eerste dagen veranderen in zorgen. Maar toch sluit je de maand tevreden af.

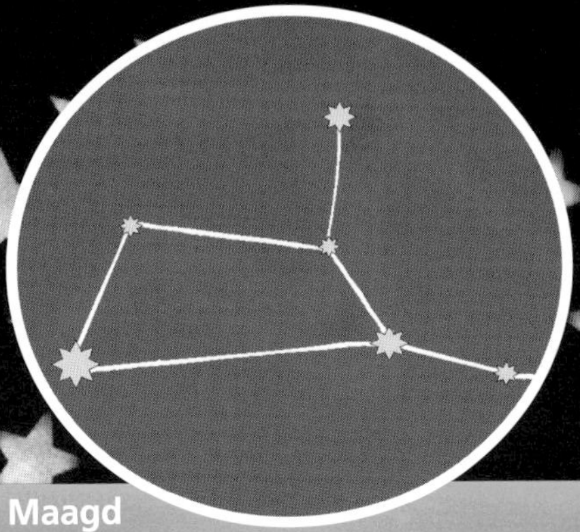

Maagd
24 augustus – 23 september

U wordt ongeduldig en loopt drie keer per dag naar de brievenbus of de telefoon. Maar er gebeurt niets. Liefde is soms als een champignon die in stilte en donkerte moet rijpen. Wacht dus maar af.

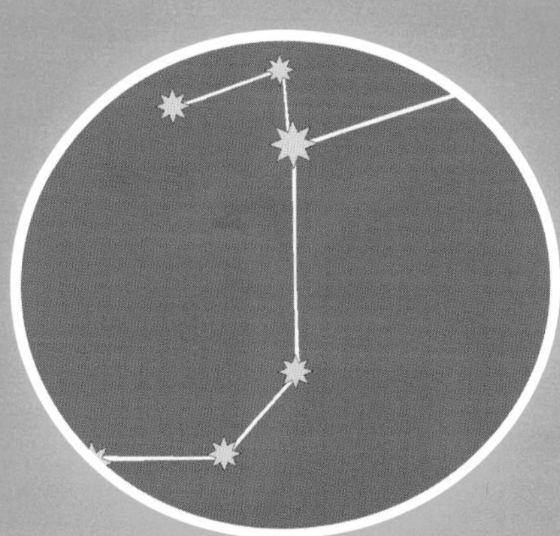

Boogschutter
23 november – 21 december

Als de sterren jou waren, Boogschutter, zouden ze deze week maar vakantie nemen. Wat een rotweek! Gelukkig ziet het er in de nieuwe maand heel wat beter uit.

Neue Wörter und Ausdrücke

vriezen	frieren
dooien	tauen
Het kan vriezen, het kan dooien	es kann frieren, es kann tauen
de stier	der Stier
de status	der Status
groeien	wachsen
ervoor	dafür
zorgen	sich sorgen
het dromenland	das Land der Träume
vertoeven	verweilen, sich aufhalten
in dromenland vertoeven	im Land der Träume verweilen
diverse mannen	verschiedene Männer
helpen	helfen
met een nieuwe start	bei einem neuen Start
misschien	vielleicht
maar het komt goed op de lange termijn	aber langfristig wird alles gut
de tweeling	der Zwilling
vluchtig	flüchtig
de roem	der Ruhm, die Ehre
het geld	das Geld
de vinger	der Finger
sijpelen	sickern
of het zou geld moeten zijn dat door je vingers sijpelt als water	als ob es Geld wäre, das wie Wasser durch deine Hände rinnt
helaas	leider
materialistisch	materialistisch
de maatschappij	die Gesellschaft
het bezit	der Besitz
samengaan	Hand in Hand gehen
proberen	versuchen
de grip	der Griff
krijgen	bekommen
er grip op krijgen	es in den Griff bekommen
de tijger	der Tiger
als een tijger	wie ein Tiger
de twijfel	der Zweifel
komen aansluipen	(her)angeschlichen kommen
het midden	die Mitte
de week	die Woche
het geluk	das Glück
financieel, financiële	finanziell
veranderen	verändern
de zorg	die Sorge
afsluiten	abschließen
tevreden	zufrieden
de maagd	die Jungfrau
ongeduldig	ungeduldig
de brievenbus	der Briefkasten
gebeuren	geschehen, passieren
maar er gebeurt niets	aber es passiert nichts
de liefde	die Liebe
de champignon	der Champignon
de stilte	die Stille
de donkerte	die Dunkelheit
rijpen	reifen
afwachten	abwarten
de boogschutter	der (Bogen)Schütze
de ster	der Stern
als de sterren jou waren	wenn die Sterne du wären
vakantie nemen	Urlaub nehmen
Wat een rotweek!	Was für eine miese Woche!
het ziet er uit	es sieht aus

Erklärungen

1 In Lektion 10 haben Sie das Verb **zullen** bereits kennen gelernt. **Das Imperfekt** von **zullen** wird wie folgt gebildet:

ik	zou
jij	zou
u	zou
hij/zij/het	zou
wij	zouden
jullie	zouden
zij	zouden

Die Imperfektformen von zullen können verschiedene Bedeutungen haben:

a. höfliche Frage
Zou ik je auto mogen gebruiken?
Dürfte ich dein Auto benutzen?

b. Erinnerung an ein Versprechen oder eine Absprache
We zouden om half 8 vertrekken.
Wir wollten doch um halb acht losfahren.

c. Konditionalis (Bedingungsform)
Als de sterren jou waren, Boogschutter, zouden ze deze week maar vakantie nemen.
Wenn die Sterne du wären, Schütze, sollten sie diese Woche mal lieber Urlaub nehmen.

d. Wunschform
Ik zou graag het telefoonnummer van meneer Koning willen hebben.
Ich hätte gerne die Telefonnummer von Herrn Koning.

2 War Ihr **Sternzeichen** in unserem Horoskop auf Seite 111 nicht dabei? Hier eine Aufstellung aller niederländischen Bezeichnungen der **sterrenbeelden**, damit Sie in einer niederländischen Zeitung, Zeitschrift oder im Internet (z. B. unter www.telegraaf.nl) nachlesen können, wie Ihre Sterne heute stehen.

Ram (21 maart t/m 20 april)
Stier (21 april t/m 21 mei)
Tweelingen (22 mei t/m 21 juni)
Kreeft (22 juni t/m 23 juli)
Leeuw (24 juli t/m 23 augustus)
Maagd (24 augustus t/m 23 september)
Weegschaal (24 september t/m 23 oktober)
Schorpioen (24 oktober t/m 22 november)
Boogschutter (23 november t/m 22 december)
Steenbok (23 december t/m 20 januari)
Waterman (21 januari t/m 18 februari)
Vissen (19 februari t/m 20 maart)

Übungen

1 Lesen Sie noch einmal die obigen Texte, und beantworten Sie dann die folgenden Verständnisfragen.

a. Stieren beginnen met een nieuwe snelle start.
- waar
- niet waar

b. Tweelingen moeten proberen grip te krijgen op bezit en succes.
- waar
- niet waar

c. Leeuwen hebben aan het eind van de maand veel zorgen.
- waar
- niet waar

d. Maagden zijn verliefd.
- waar
- niet waar

e. Met Boogschutters gaat het deze week niet zo goed.
- waar
- niet waar

f. Wie heeft er in de eerste dagen geluk?
- de Leeuw
- de Boogschutter

g. Wie moet er afwachten?
- de Stier
- de Maagd

h. Wie mag er niet te veel in dromenland vertoeven?
- de Tweelingen
- de Stier

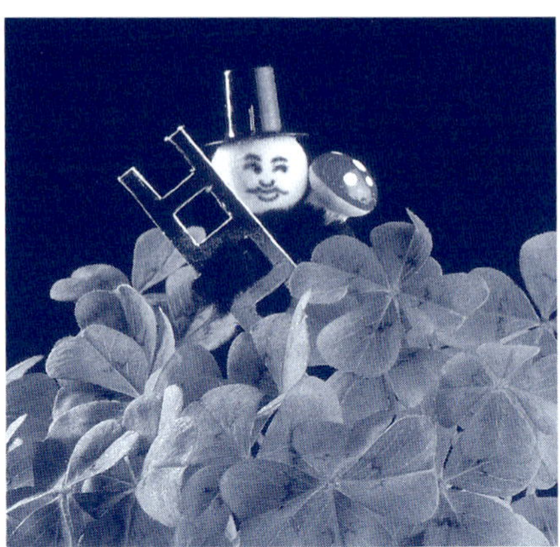

2 Formen Sie die zusammengesetzten Verben in Klammern so um, dass sie in die Übungssätze passen.

a. Hoeveel mensen heb je voor je feestje .... (uitnodigen *einladen*)?

b. Ik vind het koud. Ik heb mijn jas (*Mantel*) .... (aantrekken).

c. Heb jij de bank .... (opbellen)?

d. Weet jij waar ik het telefoonnummer van Dirk heb .... (opschrijven)?

e. Weet jij hoe je 'Groningen' .... (uitspreken)?

f. Wanneer heb je die brief .... (opsturen)?

g. Hoeveel geld hebt u in de vakantie .... (uitgeven)?

h. Ze heeft vanochtend tot 11 uur .... (uitslapen).

3 Präsens oder Imperfekt? Wählen Sie die passende Form des Verbs **zullen**.

a. *Vorschlag:*
Zullen/Zouden we naar het Rijksmuseum gaan?

b. *Höfliche Frage:*
Zal/Zou u mij even kunnen helpen?

c. *Versprechen:*
Ik zal/zou je vanavond bellen.

d. *Wunschsatz:*
Als ik rijk was, zal/zou ik een huis kopen in Monaco.

4 Bilden Sie Sätze mit **zal**, **zullen**, **zou** und **zouden**.

Beispiel:
Höfliche Frage:
u, een tafel voor vier personen reserveren

Zou u een tafel voor vier personen willen reserveren?

a. *Wahrscheinlichkeit:*
hij, het verkeerd hebben begrepen

b. *Wunsch:*
ik, de loterij winnen

c. *Erinnerung an eine Absprache:*
jij, de deur op slot doen

5 Horoskop-Rätsel: welches Sternzeichen passt in welche Spalte?

W	E	E	G	S	C	H	A	A	L

VERLIEFD, VERLOOFD, GETROUWD

Jannie van den Heuvel
(30) is apothekersassistente en heeft als sterrenbeeld Leeuw. Sinds een paar jaar heeft ze een weekendrelatie met Carolien, en binnenkort gaan ze samenwonen.

Carolien Heineke
(21) is een Stier en volgt de opleiding voor politieagent. Het samenwonen wordt een spannend experiment, want hun smaken lopen nogal uiteen.

Waarom zijn jullie zo'n bijzonder stel?

We zijn totaal verschillend, maar het klikt toch. Zij blijft thuis, terwijl ik van uitgaan hou.

We verschillen qua karakter en qua leeftijd. Zij leert me allerlei dingen waarderen, die ik vroeger niet kende.

Waar maken jullie steeds weer ruzie over?

Ik woon al jaren zelfstandig en ben gewend te doen wat ik wil zonder het uit te leggen.

Over mijn troep. Zij is iets te poetserig, naar mijn idee.

Wat bewonder je in haar?

Haar doorzettingsvermogen, ja, dat bewonder ik in haar.

Haar optimisme.

Is de ander jaloers?

Ja, en dat vind ik een slechte eigenschap.

Nee, zij niet. Ik wel, maar ik probeer het af te leren.

Wanneer ben je het gelukkigst?

Als we samen thuis zijn en zitten te lezen. Of als we samen meubels aan het uitzoeken zijn voor ons toekomstig samenwonen.

Ben ik al heel gauw als we samen zijn. Dan heb ik echt het idee dat ik thuis ben.

Wat vind je het mooist aan haar?

Haar blauwe ogen en haar wipneus.

Haar bril en de sproeten op haar lichaam.

Haar ex ...?

Heeft ze niet.

Ik weet dat het voor Jannie niets meer betekent, maar soms ben ik nog wel jaloers op haar.

Neue Wörter und Ausdrücke

verliefd	verliebt
verloofd	verlobt
de apothekers-assistente	die Apotheken-helferin
het sterrenbeeld	das Sternzeichen
sinds	seit
de weekendrelatie	die Wochenend-beziehung
binnenkort	in Kürze
samenwonen	zusammenwohnen
de opleiding	die Ausbildung
het samenwonen	das Zusammen-wohnen
spannend	spannend
het experiment	das Experiment
want	denn
de smaak	der Geschmack
uiteen	auseinander
hun smaken lopen nogal uiteen	ihre Geschmäcker sind ziemlich ver-schieden
het stel	das Paar
totaal	total, gänzlich
verschillend	verschieden, unter-schiedlich
het klikt	es funkt; wir verstehen uns
thuisblijven	zu Hause bleiben
terwijl	während
verschillen	sich unterscheiden, verschieden sein
qua	was betrifft, von ... her, in Bezug auf
het karakter	der Charakter
de leeftijd	das Alter
leren	lehren
allerlei	allerhand, allerlei
waarderen	schätzen, würdigen
vroeger	früher
waarover	worüber
steeds	immer
de ruzie	der Zank, der Streit
ruziemaken	(sich) streiten
ik ben gewend	ich bin gewohnt
zonder het uit te leggen	ohne lange Erklärungen; ohne mich dafür zu rechtfertigen
de troep	der Dreck, die Unordnung
te	zu
poetserig	pingelig
naar mijn idee	meiner Meinung nach
bewonderen	bewundern
het doorzettings-vermogen	das Durchsetzungs-vermögen
het optimisme	der Optimismus
jaloers	eifersüchtig
Is de ander jaloers?	Ist die andere eifersüchtig?
de eigenschap	die Eigenschaft
afleren	sich abgewöhnen
de meubels	die Möbel
uitzoeken	aussuchen
de meubels aan het uitzoeken zijn	dabei sein, die Mö-bel auszusuchen
toekomstig	zukünftig
gauw	schnell
vinden	finden
Wat vind je ...?	Wie findest du ...?, Was hältst du ...?
blauw	blau
het oog	das Auge
de wipneus	die Stupsnase
de bril	die Brille
de sproeten	die Sommersprossen
het lichaam	der Körper
de ex	der/die Ex(freund/in)
betekenen	bedeuten

Erklärungen

1 Seine Meinung zum Ausdruck bringen

Naar mijn idee ...
Meiner Meinung nach ...
Ik houd van ...
Ich mag .../Ich liebe ...
Ik bewonder ...
Ich bewundere
Ik vind ... (een goede eigenschap)
Ich finde .../Ich halte ... (für eine gute Eigenschaft)
Ik houd niet van ...
Ich mag ... nicht/Ich liebe ... nicht
Ik heb een hekel aan ...
... ist mir zuwider
Ik kan niet tegen ...
... ist mir zuwider.

2

Eine Eigentümlichkeit der niederländischen Grammatik ist die Konstruktion **zitten, staan, liggen, hangen, lopen + te** + Infinitiv, die man verwendet um auszudrücken, wo sich jemand befindet und was er gerade macht. Beide Handlungen (Bewegung und Aktivität) finden zugleich statt. Je nachdem, ob jemand gerade sitzt, steht, liegt, hängt oder läuft, verwendet man das entsprechende niederländische Verb.

Hij zit thuis een brief te schrijven.
Er sitzt zu Hause und schreibt einen Brief.

Het meisje stond in de hoek te huilen.
Das Mädchen stand in der Ecke und heulte.

Hij ligt op zijn bed een boek te lezen.
Er liegt auf seinem Bett und liest ein Buch.

3

Eine weitere, ähnliche Konstruktion ist die Verlaufsform **zijn + aan het** + Infinitiv, die auch in einigen deutschen Mundarten gebräuchlich ist. Mit dieser Konstruktion drückt man aus, dass das Gesagte gerade passiert.

z. B.Het is aan het regenen.
Es regnet (gerade).

Hij is de auto aan het wassen.
Er wäscht (gerade) das Auto.

Ik ben een brief aan het schrijven.
Ich schreibe (gerade) einen Brief.

Selbstverständlich kann das Gesagte auch in der Vergangenheit passiert sein, dann verwendet man einfach das Imperfekt.

Ik was een brief aan het schrijven, toen de telefoon rinkelde.
Ich schrieb (gerade) einen Brief, als das Telefon klingelte.

Zij waren naar de tv aan het kijken, toen ik thuiskwam.
Sie sahen (gerade) fern, als ich nach Hause kam.

Einen großen Bedeutungsunterschied zwischen den beiden Konstruktionen, **zitten, staan, liggen, hangen, lopen + te** + Infinitiv und **zijn + aan het** + Infinitiv (ohne **te**!), gibt es eigentlich nicht. Bei der ersten Konstruktion bekommt man etwas mehr Information, wo sich der Betreffende befindet. Man könnte für die beiden letzten Beispielsätze also genauso gut sagen:

Ik zat net een brief te schrijven, toen de telefoon rinkelde.
Zij zaten naar de tv te kijken, toen ik naar huis kwam.

Erklärungen

3 Relaties

Ongeveer de helft van de Nederlandse bevolking is getrouwd. Er komen meer echtscheidingen *(Ehescheidungen)* voor dan vroeger. Ook kiest *(wählt)* een behoorlijk *(beträchtlich)* aantal Nederlanders andere relatievormen dan het huwelijk *(Ehe)*. Velen kiezen ervoor eerst een aantal jaren met hun partner samen te wonen en dan te gaan trouwen. Ook worden homoseksuele relaties geleidelijk aan *(nach und nach)* steeds meer geaccepteerd.

Beziehungen

Ungefähr die Hälfte der niederländischen Bevölkerung ist verheiratet. Es gibt mehr Ehescheidungen als früher. Auch wählt ein ziemlich großer Teil der Niederländer andere Beziehungsformen als die Ehe. Viele entscheiden sich dafür, zuerst einige Jahre mit ihrem Partner zusammenzuwohnen und erst dann zu heiraten. Auch homosexuelle Beziehungen werden immer stärker akzeptiert.

Übungen

1 Waar of niet waar?

	waar	niet waar
a. Jannie en Carolien wonen een paar jaar samen.		
b. Jannie en Carolien verschillen erg van elkaar.		
c. Carolien houdt van opruimen.		
d. Jannie is qua karakter optimistisch.		
e. Carolien is weleens jaloers.		
f. Jannie en Carolien zijn beide gelukkig als ze samen zijn.		

2 Setzen Sie die richtige Präposition ein. Wählen Sie aus:

met, op, voor, van, in, voor, over, uit, in, op

a. Ik houd .... mensen die eerlijk zijn.

b. Ik ga .... mijn vriend .... eten

c. Ze was erg jaloers .... zijn nieuwe vriendin.

d. Kunt u mij informatie geven .... musea in Amsterdam?

e. Heb je belangstelling .... die oude boeken?

f. Bent u geïnteresseerd .... een rondvaart door de Amsterdamse grachten?

g. Op de Nederlandse wegen wordt er veel gewaarschuwd (*gewarnt*) .... te snel rijden.

h. Ik heb een interessant bericht .... de radio gehoord.

i. Hij is geïnteresseerd .... moderne kunst.

3 Setzen Sie die richtige Konjunktion ein. Wählen Sie aus:

dat, en, terwijl, als, maar, of, want

Carolien Heineke (21) is een Stier

.... volgt de opleiding voor politieagent. Het samenwonen wordt een

spannend experiment, ... hun smaken lopen nogal uiteen.
Waarom zijn jullie zo'n bijzonder stel?

We zijn totaal verschillend, ...

het klikt toch. Zij blijft thuis, ... ik van uitgaan hou.
Wanneer ben je het gelukkigst?

.... we samen thuis zijn en zitten

te lezen .... wanneer we meubels uitzoeken.

Ik weet .... het voor Jannie niets meer betekent, maar soms ben ik nog wel jaloers op haar.

4 Bilden Sie zu den Bildern und mit den vorgegebenen Satzteilen niederländische Sätze. Verwenden Sie dabei die beiden gerade gelernten Konstruktionen **zitten, staan, liggen, hangen, lopen + te +** Infinitiv und **zijn + aan het +** Infinitiv (ohne **te**!).

a. moeder – in de keuken – het eten voorbereiden

b. Jan – op zijn kamer - naar muziek luisteren

c. de leraar – voor het bord – de stof uitleggen

d. de poes – voor het venster – zich wassen

e. de was - in de tuin - in de zon - drogen

Lektion 20

WERKEN IN NEDERLAND

Aus einer aktuellen Studie geht hervor, dass niederländische Arbeitnehmer durchschnittlich 31,5 Stunden in der Woche an ihrem Arbeitsplatz verbringen. Damit haben die Niederlande die kürzeste Arbeitswoche in der Europäischen Union. In dieser Lektion geht es um das Thema „Arbeiten in den Niederlanden".

CV
Naam: Hanneke Diepman
Leeftijd: 31
Burgerlijke staat: gehuwd,
1 zoon
Beroep: verkoopster
Opleiding: LBO 1987–1991
Cursussen: basiscomputercursus 1995
verkoopcursussen 1995
treinencursus 1998
Werkervaring: cassière en verkoopster bij diverse
supermarkten 1991–1997
verkoopster bij Intertoys 1997 tot nu
Werkweek: 12 uur
Salaris: € 290,– als verkoopster
Hobby's: winkelen en stappen
Ambitie: leidinggevende functie in speelgoedzaak

"Ik kom oorspronkelijk uit Zeeland. Mijn man is beroepsmilitair en werd in 1993 gelegerd in Soesterberg. We besloten er te gaan samenwonen. Ik had na een maand al werk. Nu werk ik in een speelgoedzaak. Twee jaar geleden had ik de kans om eerste verkoopster te worden. Omdat ik zwanger werd, ging die promotie aan mijn neus voorbij. Ik ben nu gewoon te weinig uren in de winkel. Het leuke van Intertoys is dat er veel cursussen worden aangeboden aan het personeel. Ik heb bijvoorbeeld de cursus modeltreinen gedaan. Je zit dan twee dagen lang bloedserieus over modeltreinen te praten. Ik weet hoe ze in elkaar zitten, ken de merken en weet hoe ze werken. Het is heerlijk om met name mannen te kunnen overtreffen. Ze denken al gauw dat een vrouw niets van treinen weet, maar daar komen ze snel van terug!"

Neue Wörter und Ausdrücke

werken	arbeiten
de CV (Curriculum vitae)	der Lebenslauf
de burgerlijke staat	der Familienstand
gehuwd	verheiratet
de verkoopster	die Verkäuferin
de LBO	die Berufsfachschule
de basiscomputer-cursus	der Computer-Grundkurs
de verkoopcursus	das Verkaufstraining
de cursus modeltreinen	*etwa: Fortbildung zum Thema Modelleisenbahn*
de werkervaring	die Berufserfahrung
de caissière	die Kassiererin
de supermarkt	der Supermarkt
de werkweek	die Arbeitswoche
het salaris	das Gehalt, der Lohn
stappen	wandern; ausgehen
de ambitie	der Ehrgeiz, die Ambition
de leidinggevende functie	die leitende Funktion
de speelgoedzaak	das Spielwaren-geschäft
oorspronkelijk	ursprünglich
de beroepsmilitair	der Berufssoldat
gelegerd	stationiert
het werk	die Arbeit
twee jaar geleden	vor zwei Jahren
de kans	die Chance, die Gelegenheit
zwanger	schwanger
de promotie	die Beförderung
de neus	die Nase
ging aan mijn neus voorbij	ging mir durch die Lappen
het leuke	das Gute
aanbieden aan	jemandem etwas anbieten
het personeel	das Personal
bloedserieus	todernst
de modeltrein	die Modelleisen-bahn
praten	reden, plaudern
bloedserieus over modeltreinen praten	sich todernst über Modelleisenbah-nen unterhalten
het merk	die Marke
met name mannen	gerade Männer, insbesondere Männer
overtreffen	übertreffen
daar komen ze snel van terug	davon kommen sie schnell ab

Erklärungen

Funktionen von er: Die Partikel **er** kann auf sehr unterschiedliche Weise verwendet werden:

a. **er** als Ortsangabe

Mijn man is beroepsmilitair en werd in 1993 gelegerd in Soesterberg. We besloten **er** te gaan samenwonen.	Mein Mann ist Berufssoldat und wurde 1993 in Soesterberg stationiert. Wir beschlossen, dort zusammenzuwohnen.

Sie können **er** hier durch **daar** ersetzen. Im Deutschen entspricht es *da, dort*.

b. **er** + unbestimmtes Subjekt
Ist das Subjekt des Satzes unbestimmt, so wird **er** zugefügt.

Het leuke van Intertoys is dat **er** veel cursussen worden aangeboden aan het personeel.	Das Gute an Intertoys ist, dass dort dem Personal viele Lehrgänge angeboten werden.

In diesem Satz ist **veel cursussen** das unbestimmte Subjekt.

Er is werk voor jou!	*Es gibt Arbeit für dich.*

Hier ist **werk** das unbestimmte Subjekt des Satzes. Die Konstruktion **er is** (Plural **er zijn**) entspricht dem deutschen *es gibt*.

c. **er** + Präposition

Ik heb twee dagen over modeltreinen gepraat.	Ich habe zwei Tage über Modelleisenbahnen geredet.
Ik heb er twee dagen over gepraat.	Ich habe zwei Tage darüber geredet.
Mannen denken snel dat vrouwen niets van treinen weten.	Männer denken schnell, dass Frauen nichts von Eisenbahnen verstehen.
Mannen denken snel dat vrouwen er niets van weten.	Männer denken schnell, dass Frauen nichts davon verstehen.

Die Konstruktion **er** + Präposition entspricht dem deutschen *da* + Präposition (**erover** *darüber*, **ermee** *damit* usw.). Im Gegensatz zum Deutschen, wo die Trennung von *da* und Präposition als umgangssprachlich gilt, ist die Trennung im Niederländischen durchaus üblich. Zusammengeschrieben wird im Grunde genommen nur, wenn keine weiteren Ergänzungen vorhanden sind.

Zij is met een cursus begonnen.	Sie hat einen Kurs begonnen.
Zij is ermee begonnen.	Sie hat damit begonnen.
Zij is vorig jaar met een cursus begonnen.	Sie hat voriges Jahr einen Kurs begonnen.
Zij is er vorig jaar mee begonnen.	Sie hat voriges Jahr damit begonnen.

Erklärungen

2 Werken en kinderen

Ruim *(gut)* 60% van de vrouwen in Nederland stopt met werken na de geboorte van het eerste kind. Na de komst van het tweede kind neemt dat aantal nog verder toe. 80% van de moeders met een betaalde baan *(Stelle)* werkt minder dan 30 uur per week. De taakverdeling *(Aufgabenverteilung)* binnenshuis *(im Hause)* is nog steeds erg traditioneel. Vrouwen nemen 80% van het huishouden *(Haushalt)* en de opvoeding *(Erziehung)* van de kinderen voor hun rekening en mannen dus ongeveer 20%. Ook al werken ze allebei.

Arbeiten und Kinder

Gut 60% der Frauen in den Niederlanden hört nach der Geburt des ersten Kindes auf zu arbeiten. Nach der Geburt des zweiten Kindes steigt diese Zahl noch weiter an. 80% der Mütter mit einer bezahlten Stelle arbeiten weniger als 30 Stunden pro Woche. Die Aufgabenverteilung zu Hause ist immer noch sehr traditionell. Frauen übernehmen 80% des Haushaltes und der Kindererziehung und Männer also ungefähr 20%. Auch wenn beide arbeiten.

Lektion 20

Übungen

1 Setzen Sie die fehlenden Wörter ein. Falls Sie Schwierigkeiten haben, lesen Sie den Text auf Seite 123 noch mehrmals, und versuchen Sie dann erneut, die fehlenden Wörter aus der Erinnerung einzusetzen.

"Ik kom .... uit Zeeland. Mijn man is beroepsmilitair en werd in 1993 gelegerd in Soesterberg.

We .... er te gaan samenwonen. Ik had na een maand al werk. Nu werk ik in een

....

Twee jaar .... had ik

de kans om eerste ....

te worden. Omdat ik .... werd, ging die .... aan mijn neus .... Ik ben nu gewoon te weinig uren in de winkel.

Het leuke van Intertoys is dat er veel cursussen worden aangeboden aan het

.... Ik heb

.... de cursus modeltreinen gedaan. Je zit dan twee dagen

lang .... over model-

treinen te .... Ik weet

hoe ze in .... zitten, ken de merken en weet hoe ze werken.

Het is .... om met name mannen te kunnen overtreffen. Ze denken al gauw dat een vrouw niets van treinen weet, maar daar komen ze

.... van terug!"

2 Schreiben Sie Ihren eigenen tabellarischen Lebenslauf (natürlich auf Niederländisch!):

Naam: . . . .
Leeftijd: . . . .
Burgerlijke staat: . . . .
Beroep: . . . .
Opleiding: . . . .
Cursussen: . . . .
Werkervaring: . . . .
Werkweek: . . . .
Hobby's: . . . .
Ambitie: . . . .

3 Antworten Sie auf die folgenden Fragen unter Verwendung von **er**.

Beispiel:
Wanneer was jij in Utrecht? (vorige week)

Ik was er vorige week.

a. Hoelang woon jij in Nederland? (sinds vier jaar)
b. Ben jij weleens in het Rijksmuseum geweest? (nog nooit)
c. Is er nog koffie? (geen meer)
d. Bent u geïnteresseerd in kunst? (niet echt)
e. Hebt u belangstelling (*Interesse*) voor klassieke muziek? (heel veel)
f. Gaat er een bus naar Schoorl? (ieder uur)
g. Is er nog soep? (geen meer)
h. Weerk jij al lang in deze winkel? (al twee jaar)
i. Heb jij vanmorgen naar de radio geluisterd? (niet)

4 Geben Sie an! Übertrumpfen Sie den Nachbarn, den Sie noch nie leiden mochten!

Beispiel:
Ik heb twee dure auto's. (drie)

En ik heb er drie!

a. Ik heb een grote badkamer. (een veel grotere!)
b. Ik heb een eigen vliegtuig. (ook één én een eigen helicopter!)
c. Ik heb twee poetsvrouwen. (voor iedere dag van de week één!)
d. Ik heb een enorm duur horloge (*Uhr*). (een nog véél duurder!)
e. Ik heb heel veel geld. (nog veel meer!)
f. Ik heb een vrouw. (gelukkig geen meer!)

Schlüssel

Ein Schrägstrich / steht vor alternativen, ebenfalls möglichen Lösungen. In Klammern stehen Wörter, die für die richtige Lösung nicht unbedingt nötig sind, aber ebenfalls vorkommen können.

Lektion 1

1 a. ben, ben b. is c. Bent
d. bent e. ben f. zijn g. bent

2 Ik heet Paul Sommer.
Ik woon in Duisburg.
Ik spreek Duits, Nederlands en Engels.
Mijn hobby's zijn tv kijken en voetballen.

3 a. Welke talen spreekt u?
b. Wat kan hij goed?
c. Wie bent u?
d. Waar woont u?
e. Wat zijn uw hobby's?

4 Ik hou van dammen en kaarten.
Ich spiele gern Dame und Karten.
Mijn hobby is schaatsen.
Mein Hobby ist Schlittschuh laufen.
Houdt u van tennissen?
Spielen Sie gerne Tennis?
Ik ben verliefd. *Ich bin verliebt.*
Wat studeer je? *Was studierst du?*

5

Schlüssel

Lektion 2

1 a. mooie, lelijke, b. groot, c. moeilijk, d. getrouwde, e. Nederlandse, f. excentrieke, drietalige

2 a. het museum, het hotel, de snackbar, het concertgebouw; de snackbar, b. de fiets, de auto, de trein, de bus; de fiets, c. de taal, de les, het bier, het Nederlands, het Duits; het bier, d. het Engels, het Frans, het Duits, het Nederlands; het Frans, e. het Antwerpen, het Den Haag, het Rotterdam, de Waddeneilanden; de Waddeneilanden

3 a. voor, b. met, c. in, d. op, op, in, e. uit, f. van, g. in, h. in, i. van, j. uit

4 1. - c.; 2. - f.; 3. - a.; 4, - b.; 5. - d.; 6. - e.

5 a. ja, b. nee, c. ja, d. ja! e. nee, f. ja, g. ja

Lektion 3

2

Addie Grootsma	01 18-26 98 91
Jaap Jansens	05 17-57 79 71
Sonja Elewaut	0 33-8 71 82 96
Hans Smits	0 23-2 72 09 11
Arie 't Holt	01 11-29 91 00
Henrik-Jan Mulders	03 44-66 76 69
Wim van Bussum	02 99-82 94 23
Antje Helderbos	0 71-924 82 48
Tjipko Fokkema	05 43-73 70 31

3 Twaalf plus zes gedeeld door negen maal tien min twee is achttien.
Tachtig plus tien procent is achtentachtig.
Dertig gedeeld door drie plus drie is dertien.
Zeven maal veertien plus twee gedeeld door vier is vijfentwintig.

4 Johanna de Vries is geboren op achtentwintig september negentientien.
Bert Schaffelaar is geboren op tien oktober negentienzesendertig.
Floor Meinkema is geboren op eenentwintig januari negentieneenenzestig.
Hanneke Diepman is geboren op één februari negentieneenenzeventig.
Gerard Nooteboom is geboren op vijftien mei negentienvierenzeventig.
Ciske Geertsema is geboren op zes juni negentiendrieënnegentig.
Dominique Rijnders is geboren op vier juli tweeduizend.

5 a. Jan Van Dam woont in de Marktstraat 15 in Enschede.
b. De postcode van het reisbureau „Holland Reizen" is 1506 ZB.
c. Het Vogelparadijs in Amsterdam heeft het telefoonnummer 020-761 6552.
d. Het adres van Henrikus van Duin is Schilderweg 198 in 1791 LP Den Burg.
e. De firma „Aquafish" heeft het telefoonnummer 0 71-4 12 64 63.

Lektion 4

1 a. Tineke spreekt met Loes. b. Jan is op zakenreis in België. c. De nieuwe vriend van Gerda is Duitser. d. Loes gaat met Joke naar Frankrijk.

2 a. De man van Tineke is in België op zakenreis.
b. Ik ben getrouwd met een politieagent.
c. Hij studeert toerisme in Amsterdam.
d. Amsterdam is de hoofdstad.

3 a. uit, uit, b. uit, in, c. op, naar, d. op, in, e. met, met, f. van, van, van

5 a. Ben, b. woont, c. spreekt, d. ga, e. ben, f. vertrekken

6 a. Hoe gaat het met je? Goed, en met jou? b. Ik ben alleen thuis. c. Waar is Jan? - Hij is in België. d. Wanneer komt hij terug? e. Waar komt Hans vandaan? - Uit Berlijn. f. Waar gaan jullie naar toe op vakantie? g. Vertrekken jullie zaterdag?

Lektion 5

1 de: sleutel, kamer, lift, camping, politieagent, receptioniste, quizmaster, kandidaat, fiets, auto, bus, tram, trein, metro, fax, telefoon, stad, les, taal, naam, geboortedatum, postcode
het: hotel, vliegtuig, land, dorp, Nederlands, adres

2 a. hebt, b. hebt, c. heb, d. heeft, e. hebben, f. heb, g. heb, heb, hebben

3

goed	*gut*
prima	*prima*
juist	*richtig*
prettig	*angenehm*
natuurlijk	*natürlich*
leuk	*schön*
interessant	*interessant*
dynamisch	*dynamisch*
fijn	*fein*
fantastisch	*fantastisch*

4

A: Dag mevrouw/meneer, heeft u een tweepersoonskamer kamer voor ons?
B: Hebt u gereserveerd?
A: Ja hoor.
B: Wilt u even dit formulier invullen?
A: Ja hoor.
B: Hoe wilt u betalen?
A: Contant graat. Waar kunnen wij onze kamer vinden?
B: Met de lift naar boven, en dan is het de eerste kamer rechts.
A: Dank u wel.
B: Niets te danken.

5 a. abends, b. Simon Huizinga, c. gestern Abend, d. 4 Nächte, e. 314

Hörtext:

Simon Huizinga:	Goedenavond.
Receptionist:	Goedenavond, meneer. Kan ik u helpen?
Simon Huizinga:	Mijn naam is Simon Huizinga. Ik heb gisterenavond telefonisch een kamer gereserveerd.
Receptionist:	Even kijken ... Simon Huizinga ... O ja, een tweepersoonskamer voor vier nachten. Als u dan nog eventjes dit formulier wilt invullen...
Simon Huizinga:	Geen probleem. ... Alstublieft.
Receptionist:	Dank u wel. U hebt kamer 314. Met de lift naar boven en dan naar rechts.
Simon Huizinga:	Bedankt. Goedenacht.
Receptionist:	Goedenacht, meneer Huizinga.

6

			h		b											
			a	r	e		g									
			n	e	t		e					a		f		
o		c	d	c	a		r					a		o		v
n		h	t	e	l	c	e	h	c	i		n	k	r	r	e
t	w	e	e	p	e	r	s	o	o	n	s	k	a	m	e	r
b	e	q	k	t	n	e	e	t	n	v	l	o	m	u	i	b
i	g	u	e	i		d	r	e	t	u	e	m	e	l	s	l
j		e	n	o		i	v	l	a	l	u	s	r	i		i
t			i	n		t	e		n	l	t	t		e		j
e			n	i		c	e		t	e	e			r		f
n			g	s		a	r			n	l					
				t		r	d									
				e		d										

Schlüssel

Lektion 6

1 4, 7, 9, 18, 23, 125, 258, 431, 919, 1.020, 1.746, 4.060, 14.004,

2 a. ein Kilo Äpfel und ein Pfund Tomaten, b. € 3, 80

Hörtext:
A: Wie is er aan de beurt?
B: Ik.
A: Wat kan ik voor u doen?
B: Mag ik een kilo appelen.
A: Anders nog iets?
B: Ik wil graag nog een pond tomaten.
A: Dat was het?
B: Ja.
*A.:*Dat is dan € 3, 80.

3 a. dertien bananen, b. vijf paprika's, c. veertien aardappels *oder*: aardappelen, d. vijftien kilo *(kein Plural!)*, e. zeven peren

Lektion 7

1 a. kan, b. mag, c. wil, d. kunnen, e. kunnen, f. mag, g. willen, h. mag, i. kunt

2 a. de, fietsen; b. de, borgsommen; c. de, dagen; d. de, verhuurders; e. de, sinaasappels; f. de, peren; g. de, tomaten; h. de, kleuren; i. de, tandems; j. de, terugtrapremmen; k. het, rondjes

4 a. het zadel, b. de versnelling, c. de handrem, d. het kinderzitje, e. de snelbinder

Lektion 8

1 a. Wilt/Kunt, b. Mag, c. Wilt/Kunt, d. mogen, e. moet

2 a. vierde, b. achtste, c. negende, d. vijftiende, e. twintigste, f. vierendertigste, g. achtenzestigste, h. zesentwintigste

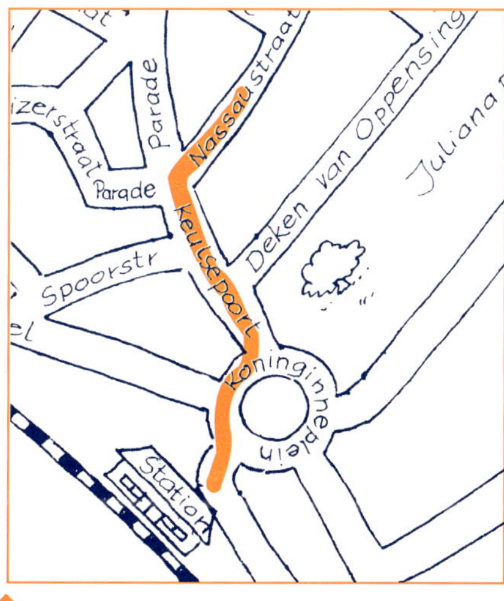

4 a. Romerstraat, b. Prinses Beatrixstraat

Lektion 9

1 ons, me, zich, ons, ons

2 a. Het is twintig voor twee.
b. Het is vijf voor drie.
c. Het is half vijf.
d. Het is kwart voor zeven.
e. Het is tien over negen.
f. Het is kwart over elf.
g. Het is twaalf uur.

3 a. volgt, vertraging, vertrekken, mededeling
b. verstaan, later, vergis, naar toe, moet

Trein naar	Vertrektijd	Vertraging (minuten)	Spoor
Nijmegen	14:48	7	5 a/b
Den Haag Centraal	15:10	20	13 a
Alkmaar	15:36	12	8 a
Vlissingen	15:59	30	13 a/b
Haarlem	16:07	15	4 a/b
Brussel Zuid	16:23	45	14 a/b
Maastricht	17:02	90	2 a/b
Utrecht Centraal	17:09	25	7 b

Hörtext:
"Attentie! Hier volgt een belangrijke mededeling. De InterCity naar Nijmegen via Tilburg, geplande vertrektijd 14 uur 48, heeft een vertraging van zeven minuten. Hij zal vertrekken van spoor 5 a/b."

"Attentie! Hier volgt een mededeling voor alle reizigers naar Den Haag Centraal. De stoptrein naar Den Haag Centraal, vertrektijd 15 uur 10, heeft door onvoorziene omstandigheden een vertraging van ongeveer twintig minuten. Hij zal vertrekken van spoor 13a."

"Attentie, attentie! Hier volgt een mededeling. De InterCity naar Alkmaar, vertrektijd 15 uur 36, heeft een vertraging van twaalf minuten. Hij zal vertrekken van spoor 8a. Ik herhaal: De InterCity naar Alkmaar, vertrektijd 15 uur 36, heeft een vertraging van twaalf minuten en vertrekt van spoor 8a."

"Attentie! Hier volgt een belangrijke mededeling. De stoptrein naar Vlissingen, geplande vertrektijd 15 uur 59, heeft door werkzaamheden een vertraging van een half uur. Hij zal vertrekken van spoor 13a/b."

"Attentie! Hier volgt een mededeling voor alle reizigers naar Haarlem. De trein naar Haarlem, geplande vertrektijd om 16 uur 7, heeft een vertraging van een kwartier. Hij zal vertrekken van spoor 4a/b."

"Attentie! Hier volgt een mededeling. De volgende stoptrein naar Brussel Zuid via Antwerpen, vertrektijd 16 uur 23, heeft door een staking van het spoorwegpersoneel een vertraging van drie kwartier. Hij zal vertrekken van spoor 14a/b."

"Attentie! Hier volgt een mededeling voor alle reizigers met bestemming Maastricht. De InterCity naar Maastricht, vertrektijd 17 uur 2, heeft een vertraging van negentig minuten. Hij zal vertrekken van spoor 2a/b. Ik herhaal: De InterCity naar Maastricht, geplande vertrektijd 17 uur 2, heeft een vertraging van negentig minuten en vertrekt van spoor 2a/b."

"Attentie! Hier volgt een belangrijke mededeling. De stoptrein naar Utrecht Centraal, vertrektijd 17 uur 9, heeft een vertraging van vijfentwintig minuten. Hij vertrekt van spoor 7b."

Schlüssel

 *Mögliche Lösungen sind:*
a. Meneer, weet u hoe laat de bus naar Leeuwarden vertrekt?
b. Meneer, mag ik u iets vragen? Weet u waar de bushalte van lijn 10 is?
c. Geen dank.

Lektion 10

 a. Het zal zaterdag wel erg druk zijn in Groningen.
b. Volgende week zal mijn vriendin op fietsvakantie gaan.
c. Zullen we morgen naar de markt gaan?

 a. Het examen zal vast wel eenvoudig zijn.
b. Hij zal vast wel ziek zijn.
c. We zullen je vast wel kunnen helpen.
d. Hij zal vast wel weer te laat zijn.
e. We zullen vast wel niets te eten krijgen.
f. Jullie zullen vast wel honger hebben.

 a. Wanneer gaan jullie trouwen?
b. Gaat het morgen de hele dag regenen?
c. We gaan volgende week een auto huren.
d. Ga je hem een brief schrijven?
e. Ze gaat het niet verstaan.
f. Ik ga haar meteen opbellen.
g. Ik ga hem morgen helpen.

 a. Zullen we een ijsje gaan eten?
b. Zullen we lekker thuis blijven?
c. Zullen we gaan dansen?
d. Zullen we naar televisie kijken?
e. Zullen we naar de bioscoop gaan?
f. Zullen we lekker uitgaan?
g. Zullen we vroeg naar bed gaan?

5 a. Nee, zij vindt Nederlands niet moeilijk.
b. Nee, ik heb geen zin in een patatje.
c. Nee, ik weet de weg niet naar het station.
d. Nee, ik ga niet op vakantie.
e. Nee, ik studeer niet in de vakantie.
f. Nee, ik heb geen geld bij me.
g. Nee, dat boek is niet van mij.
h. Nee, ik vind het hier niet gezellig.

			W		S		R		K	
V	A	K	A	N	T	I	E	D	A	G
F			N		R		I		A	
I	H		D		A	H	Z	M	R	
E	O		E		N	O	E	U	T	
T	B		L		D	T	N	S	E	
S	B	W	I	N	K	E	L	E	N	
E	Y		N			L		U		
N			G	C	A	F	É	M		

waagerecht: vakantiedag, winkelen, café
senkrecht: fietsen, hobby, wandeling, strand, hotel, reizen, museum, kaarten

Lektion 11

 a. Mijn computer is veel sneller.
b. Mijn zoon is veel slimmer.
c. Ik ben veel beroemder.
d. Mijn auto was veel duurder.
e. Onze kinderen zijn veel braver.
f. Ik verdien veel meer.

 a. Ik heb de grootste auto.
b. Ik heb de rijkste vrouw.
c. Ik heb de modernste computer.
d. Ik heb de beste levensverzekering.
e. Ik heb het duurste horloge.
f. Ik heb de meeste vrienden.
g. Ik heb de lekkerste wijnen.

 *Hörtext:*
De weersverwachting voor morgen:
Veel bewolking en perioden met regen.
Tegen de avond schijnt af en toe de zon.
Middagtemperatuur ongeveer 16 graden.

Der Wetterbericht für morgen:
Stark bewölkt und zeitweise Regen.
Gegen Abend hin und wieder Sonne.
Mittagstemperatur ungefähr 16 Grad.

4 a. Amsterdam: Het is bewolkt en het sneeuwt. Het is min één.
b. Frankfurt: Het waait en het regent. Het is drie graden.
c. Rome: Het is bewolkt. Het is tien graden.
d. New York: De zon schijnt. Het is veertien graden.

Lektion 12

Kellner:	Pizzeria Italia, goedenavond.
Sie:	Kan ik voor vanavond een tafel reserveren?
Kellner:	Voor hoeveel personen?
Sie:	Voor zes personen.
Kellner:	Ja, dat is mogelijk. Hoe laat komt u?
Sie:	Wij komen om ongeveer acht uur.
Kellner:	Ja, dat is goed. Op welke naam zal ik dat zetten?
Sie:	*Jetzt sagen Sie Ihren Namen.*
Kellner	Staat genoteerd. tot vanavond ...

2 a. Zijn, b. uw, c. zijn, d. jouw, e. Ons, f. Hun, mijn, g. jouw,

Lektion 13

Mögliche Lösungen sind:
a. Wat is vandaag "de soep van de dag"?
b. Wat is een uitsmijter?
c. Voor mij groentesoep en een uitsmijter alstublieft.
d. Mag ik de wijnkaart zien?

◆ een borreltje: sterke drank bijv. jenever dat geschonken wordt in een klein glas.
◆ een jonge: jonge jenever
◆ bitterballen: gefrituurd balletje van gekruide vleesragout, die veel gegeten wordt bij de borrel
◆ een trappist: een Belgisch bier.
◆ een buckler: alcoholvrij biermerk
◆ een kopstoot: bier en sterkedrank dat samen gedronken wordt.
◆ een kriek: rood bier bereid van kersen.

een borreltje: *ein Schnäpschen, ein Klarer: starkes Getränk wie z.B. Genever, das in einem kleinen Gläschen serviert wird*
een jonge*: (wörtl.: in Junger) junger Genever*
bitterballen: *frittierte Bällchen aus gewürztem Fleischragout, die oft zum Schnaps gegessen werden*
een trappist: *ein belgisches Bier*
een buckler: *ein alkoholfreies Bier*
een kopstoot: *(wörtl.: ein Kopfstoß) Bier und starkes alkoholisches Getränk, die zusammen getrunken werden*
een kriek: *rotes Bier, das aus Kirschen hergestellt wird*

3 a. dat; b. deze, die; c. dit; d. dit/dat; e. dit, dat

Lektion 14

1 In, voor, van, Voor, Op, van

2 a. of, b. want, c. dus, d. maar, e. en, f. of, g. want.

3 a. Ik heb de tafel gereserveerd.
b. Wij hebben naar de gids geluisterd.
c. Wij hebben soep met stokbrood besteld.
d. De ober heeft ons een prettige dag gewenst.

e. Hij heeft de ober bedankt.
f. De reis heeft ons € 400,– per persoon gekost.

4 a. Vandaag ben ik met de bus naar het werk gegaan.
b. Vorige week heb ik een sla besteld.
c. Tot nu toe hebben we over boeken gesproken.
d. Vandaag heb ik haar de hele dag geholpen.
e. Voordien hebben we in Vlissingen gewoond.
f. Vroeger heb ik nooit cola gedronken.

5 a. Hebben jullie iets (*oder:* wat) gehoord?
b. Heb jij naar de radio geluisterd?
c. Heeft hij haar opgebeld?
d. Heb ik veel gegeten?
e. Hebben wij het boek betaald?
f. Heeft (*oder:* Hebt) u haar gekust?
g. Hebben zij water of wijn gedronken?
h. Heeft het kind de hele dag honger gehad?
i. Hebben wij onze handen gewassen?

Lektion 15

1 a. het broertje, b. het naampje,
c. het winkeltje, d. het tomaatje,
e. het poesje, f. het boekje,
g. het autootje, h. het museumpje,
i. het kamertje, j. het kindje

2 a. tante, b.oma, c. nicht, d. oom, e. opa, f. neef, g. zoon

Lektion 16

1 a. bezochten, bekeken, brachten, was, vertelde, luisterde, zei
b. gingen, bracht, hadden, ging, zagen, vond

2 1 - d.; 2 - e.; 3 - f.; 4 - c.;5 - a.; 6 - b.

4 a. Ik kwam nooit mee.
b. Hij las veel.
c. Zij schreef mooie brieven.
d. Wij aten graag thuis.
e. Ik sprak geen Duits.
f. Hij hoorde niet goed.

5 a. over, b. met, c. uit, d. naar, e. op, van f. bij, g. naar, h. sinds, met, i. van

6

			Sonntag ↓						Mutter ↓		
			Z						M		
Bruder →	B	R	O	E	R			Vater ↓	O		
			N		gehen ↓		weit →	V	E	R	
Tageszeitung →	Onkel ↓	muede ↓	D	A	G	B	L	A	D		
Groß-mutter →	O	M	A		A		dieser →	D	E	Z	E
Auge →	O	O	G		A		da →	E	R		
mich, mir →	M	E		nach →	N	A	A	R			

Lektion 17

1 verwijder, Laat, Schep, Kook, bak, Serveer

2 Doe de boerenkool in de pan.
Voeg een beetje water toe.
Doe ook een beetje zout erbij.
Laat de boerenkool 30 min. koken.
Laat de boerenkool daarna uitlekken.
Warm de boerenkool met een klontje boter op.

3 a. We kleden ons aan.
b. We gaan met hen mee.
c. We brengen onze vakantie in Spanje door.
d. We lezen een verhaaltje voor.
e. We schrijven zijn telefoonnummer op.

4 a. Loopt u even mee!
b. Komt u maar langs!
c. Belt u me even terug!

d. Helpt u me even!
e. Geeft u me eens even dat boek!
f. Laat u me toch met rust!

Lektion 18

1 a. waar, b. waar, c. niet waar, d. waar, e. waar, f. de Leeuw, g. de Maagd, h. de Stier

2 a. uitgenodigd, b. aangetrokken, c. opgebeld, d. opgeschreven, e. uitspreekt, f. opgestuurd, g. uitgegeven, h. uitgeslapen

3 a. Zullen, b. Zou, c. zal, d. zou

4 a. Henk zal het wel verkeerd hebben begrepen.
b. Ik zou de loterij wel willen winnen.
c. Jij zou de deur op slot doen!

5

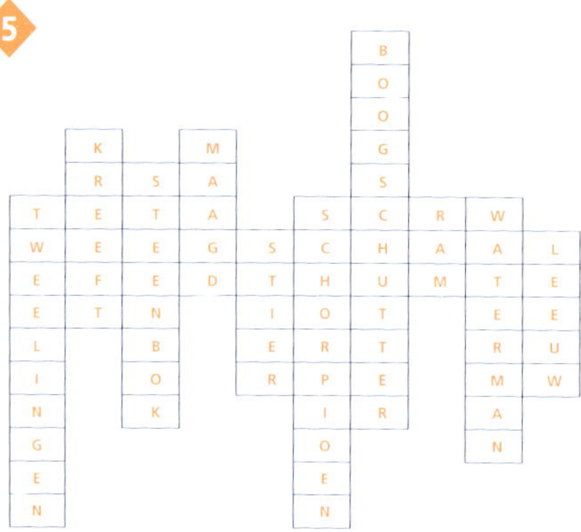

Lektion 19

1 a. niet waar, b. waar, c. niet waar, d. waar, e. waar, f. waar

2 a. van, b. met, uit, c. op, d. over, e. voor, f. in, g. voor, h. op, i. in

3 en, want, maar, terwijl, als, of, dat

4 a. Moeder staat in de keuken het eten voor te bereiden./Moeder is in de keuken het eten aan het voorbereiden.
b. Jan ligt op zijn kamer naar muziek te luisteren./Jan is op zijn kamer naar muziek aan het luisteren.
c. De leraar staat voor het bord de stof uit te leggen./De leraar is voor het bord de stof aan het uitleggen.
d. De poes ligt zich voor het venster te wassen./De poes is zich voor het venster aan het wassen.
e. De was hangt in de tuin in de zon te drogen./De was is in de tuin in de zon aan het drogen.

Lektion 20

1 oorspronkelijk, besloten, speelgoedzaak, geleden, verkoopster, zwanger, promotie, voorbij, personeel, bijvoorbeeld, bloedserieus, praten, elkaar, heerlijk, snel

3 a. Ik woon er sinds vier jaar.
b. Nee, ik was er nog nooit.
c. Nee, er is er geen meer.
d. Nee, ik ben er niet echt in geïnteresseerd.
e. Ja, ik heb er heel veel.
f. Ja, er gaat er ieder uur.
g. Nee, er is er geen meer.
h. Ja, ik werk er al twee jaar.
i. Nee, ik heb er niet naar geluisterd.

4 a. En ik heb er een veel grotere!
b. En ik heb er ook één én een eigen helicopter!
c. En ik heb er voor iedere dag van de week één!
d. En ik heb er een nog véél duurder!
e. En ik heb er nog veel meer!
f. En ik heb er gelukkig geen meer!

Verben

Die wichtigsten unregelmäßigen Verben

Zu jedem unregelmäßigen (starken) Verb sind folgende Formen angegeben: Infinitiv – Imperfekt Singular und Plural-Partizip.

bakken	bakte, bakten	gebakken
bederven	bedierf, bedierven	bedorven
beginnen	begon, begonnen	begonnen
bewegen	bewoog, bewogen	bewogen
bidden	bad, baden	gebeden
bieden	bood, boden	geboden
bijten	beet, beten	gebeten
binden	bond, bonden	gebonden
blazen	blies, bliezen	geblazen
blijven	bleef,bleven	gebleven
braden	braadde, braadden	gebraden
breken	brak, braken	gebroken
brengen	bracht, brachten	gebracht
buigen	boog, bogen	gebogen
denken	dacht, dachten	gedacht
doen	deed, deden	gedaan
dragen	droeg, droegen	gedragen
drinken	dronk, dronken	gedronken
druipen	droop, dropen	gedropen
eten	at, aten	gegeten
fluiten	floot, floten	gefloten
gaan	ging, gingen	gegaan
gelden	gold, golden	gegolden
geven	gaf, gaven	gegeven
gieten	goot, goten	gegoten
glijden	gleed,gleden	gegleden
graven	groef, groeven	gegraven
grijpen	greep, grepen	gegrepen
hangen	hing, hingen	gehangen
hebben	had, hadden	gehad
helpen	hielp, hielpen	geholpen
heten	heette, heetten	geheten
houden	hield, hielden	gehouden
jagen	jaagde/joeg, jaagden/joegen	gejaagd
kiezen	koos, kozen	gekozen
kijken	keek, keken	gekeken
klimmen	klom, klommen	geklommen
klinken	klonk, klonken	geklonken
komen	kwam, kwamen	gekomen
kopen	kocht, kochten	gekocht
krijgen	kreeg, kregen	gekregen
krimpen	kromp, krompen	gekrompen
kruipen	kroop, kropen	gekropen
kunnen	kon, konden	gekund
lachen	lachte, lachten	gelachen
laten	liet, lieten	gelaten
lezen	las, lazen	gelezen
liggen	lag, lagen	gelegen
lijken	leek, leken	geleken
lopen	liep, liepen	gelopen
moeten	moest, moesten	gemoeten
mogen	mocht, mochten	gemogen
nemen	nam, namen	genomen
plegen	placht, plachten	
rijden	reed,reden	gereden
rijzen	rees, rezen	gerezen
roepen	riep, riepen	geroepen
ruiken	rook, roken	geroken
scheiden	scheidde, scheidden	gescheiden
schenken	schonk, schonken	geschonken
scheppen	schiep, schiepen	geschapen
scheren	schoor, schoren	geschoren
schieten	schoot, schoten	geschoten
schijnen	scheen, schenen	geschenen
schrijven	schreef, schreven	geschreven
schrikken	schrok, schrokken	geschrokken
schuiven	schoof, schoven	geschoven
slaan	sloeg, sloegen	geslagen
slapen	sliep, sliepen	geslapen
sluiten	sloot, sloten	gesloten
snijden	sneed, sneden	gesneden

spreken	sprak, spraken	gesproken
staan	stond, stonden	gestaan
stelen	stal, stalen	gestolen
sterven	stierf, stierven	gestorven
stijgen	steeg, stegen	gestegen
treden	trad, traden	getreden
trekken	trok, trokken	getrokken
vallen	viel, vielen	gevallen
vangen	ving, vingen	gevangen
varen	voer, voeren	gevaren
verbieden	verbood, verboden	verboden
verdwijnen	verdween, verdwenen	verdwenen
vergeten	vergat, vergaten	vergeten
verliezen	verloor, verloren	verloren
vermijden	vermeed, vermeden	vermeden
vinden	vond, vonden	gevonden
vliegen	vloog, vlogen	gevlogen
vouwen	vouwde, vouwden	gevouwen
vragen	vroeg, vroegen	gevraagd
vriezen	vroor	gevroren
waaien	waaide/woei, waaiden/woeien	gewaaid
wassen	waste, wasten	gewassen
wegen	woog, wogen	gewogen
werpen	wierp, wierpen	geworpen
weten	wist, wisten	geweten
wijzen	wees, wezen	gewezen
willen	wilde/wou, wilden/wouden	gewild
winnen	won, wonnen	gewonnen
worden	werd, werden	geworden
zeggen	zei, zeiden	gezegd
zenden	zond, zonden	gezonden
zien	zag, zagen	gezien
zijn	was, waren	geweest
zingen	zong, zongen	gezongen
zinken	zonk, zonken	gezonken
zitten	zat, zaten	gezeten
zoeken	zocht, zochten	gezocht
zullen	zou, zouden	
zwemmen	zwom, zwommen	gezwommen
zweren	zwoer, zwoeren	gezworen
zwijgen	zweeg, zwegen	gezwegen

Wortschatzregister

Die Zahlen hinter den Wörtern geben die Lektion an, in der das betreffende Wort zum ersten Mal vorkommt. Die Wörter in Klammern bei den Substantiven sind die Pluralformen, bei den Adjektiven sind in Klammern abweichende flektierte Formen angegeben.

A

aan 8
aanbieden 12
aanbieden aan 20
aanbieding, de 6
aankomst, de 5
aanstaande 4
aanwijzingen, de (*Pl.*) 17
aardappel,de 6
aardig 4
acht 7
achtbaan, de 11
achter 7
adres, het (adressen) 3
af en toe 11
afgesproken 7
afleren 19
afrekenen 13
afsluiten 18
afvragen, zich 9
afwachten 18
afzetten 15
al 5
alleen 3, 4
allerlei 19
als 2, 7
alstublieft 5
altijd 10
alweer 7
ambitie, de 20
andere 9
anders 6
apart 13
apothekersassistente, de 19
appel, de 6
april 3
attentie, de 9
augustus 3
auto, de (auto's) 2

B

bakken 17
banaan, de (bananen) 6
basiscomputercursus, de (-cursussen) 20
beantwoorden 14
bedankt 6
bedoelen 3
beetje 1
behalve 1
bekendste 16
beleefdheid, de 4
Belgi 2
bellen 12
bereidingstijd, de 17
beroep, het 1
beroepsmilitair, de 20
best 6
bestellen 13
bestelling, de 13
bestrooien 17
betalen 5
betekenen 19
bevatten 17
bewolkt 11
bewonderen 19
bezienswaardigheid, de 16
bezit, het 18
bezoek, het 16
bezoeken 15
bier, het 2
bij 8
bijna 2
bijvoorbeeld 14
bijzonder 7
binnen 4
blauw 19
blijven 15
blikje, het 17
bloedserieus (-serieuze) 20
bloemig 6
bloemkool, de (-kolen) 6
boek, het 14
boekenland, het 14
boekenweek, de 14
boodschappen doen 6
boogschutter, de 18
borgsom, de 7
boter, de 17
bouwen 15
boven 5
bovendien 11
briefje, het 6
brievenbus, de (-bussen) 18
bril, de 19
broer, de 15
broodje, het 12
bruin 17
bui, de 11
buiten 11
burgerlijke staat 20

bus, de (bussen) 2
buurland, het 2

café, het 10
caissière, de 20
calorie, de 17
camera, de (camera's) 1
camping, de 2
champignon, de 18
cheque, de 5
chilisaus, de (-sausen, -sauzen) 17
concertgebouw, het 2
congres, het (congressen) 2
contant 5
creditcard, de 5
cultuur, de 16
cursus, de 2
CV, de (= Curriculum vitae) 20

daar 3
daar ... vandaan 4
daarna 7
dag de (dagen) 4
dagschotel, de 12
dam 1
dames- 7
dammen 1
dan 5, 10
dank u 5
dank u wel 5
danken 5
dat 2, 4
de 1
december 3
denken 10
derde 8
deze 2
die 4
dierentuin, de 11
dik (dikke) 14
ding, het 10
direct 13
dit 5
dochtertje, het 1
doen 3
donkerte, de 18
dooien 18
door elkaar 17
doorbrengen 10
doorfietsen 7
doorsnee, de 10
doorzettingsvermogen, het 19
dorp, het 2
drie 2
dromenland, het 18
druk (drukke) 4, 10
Duits, het 1
Duitser, de 4
Duitsland 4
dus 1
dynamisch 2

een 1
éénpersoonskamer, de 4
eerst 11
eerste 1
eetlepel, de 17
eigenlijk 3
eigenschap, de 19
elkaar 17
en 1
Engels, het 1
enzovoorts (enz.) 1
er 10
erbij 6
erg 10
ergens 15
eten 6
euro, de 6
even 5; 11
even ... als 2
ex, de 19
excentriek 2
experiment, het 19
extra 6

familie, de 10
fantastisch 1
fax, de 2
februari 3
fiets, de 2
fietsen 7
fijn 5
fijngehakt 17
financieel (financiële) 18
formulier, het 5
Frankrijk 4
Frans, het 1
fruit, het 6

gaan 2
gaar (gare) 17
gauw 19
gebeuren 18
geboortedatum, de 3
geboren 3
gebouw, het 7
gedeelte, het 11
gedicht, het 14
geel (gele) 6
geen 2
gehuwd 20
gek (gekke) 10
gekocht 14
geld, het 18
gelegerd 20
geluk, het 18
gelukkig 14
gemalen 17
genieten van 16
geopend 10
geraspt 17
gerecht, het 12
Gerichtgetrouwd 1
geven 6
gewoon (gewone) 10
gezellig 4
gezin, het (gezinnen) 16
goed 4
goedemiddag 5
goedemorgen 5
goedenavond 5
goedendag 7
gouden 12
graag 4
grip, de 18
groen 6
groente, de 6
groenteboer, de 6
groentesoep, de 13
groet 1
groot (grote) 2
grootmoeder de 15
grootouders *(Pl.)* 15
grootvader, de 15

haar 4
haasten, zich 9
hagel, de 11
hakken 17
half (halve) 5
handrem, de (-remmen) 7
handtekening, de 5
hangen 3
hartstikke 6
hebben 1
heden, het 2

Wortschatzregister

Wortschatzregister

Wortschatzregister

vriend, de 4
vriezen 18
vrij vaak 15
vroeger 15
vrouwtje, het 15
vruchtvlees, het 17
vuur, het 17

waar ... naar toe 4
waar 1
waarderen 19
waarom 3
waarover 19
waddeneiland, het 2
wandeling, de 10
wanneer 3
want 19
warm 11
wat 1; 17
water, het 17
watermann, de (-mannen) 18
we 1
weegschaal, de (-schalen) 18
week, de (weken) 18
weekeinde, het 4
weekend, het 4
weekendrelatie, de 19
weer 4
weer, het 11
weg, de (wegen) 5
weinig 11
wel 3, 7
weliswaar 15
welk 1
welkom 1
welterusten 5
wens, de (wensen) 7
wensen 5
werk, het 20
werken 20
werkervaring, de 20
werkweek , de (-weken) 20
weten 2
wetenschappelijk 2
wie 1
wijzen 5
willen 1
winkel, de 10
winkelcentrum, het
(-s, centra) 2
winkelen 10
winter, de 11
wipneus, de (-neuzen) 19
wonen 1
worden 9

zaad, het 17
zacht 11
zadel, het 7
zak, de (zakken) 6
zakenreis, de (reizen) 4
zand, het
zandkasteel, het (-kastelen)
zaterdag, de 4
ze 7
zeef, de (zeven) 17
zeggen 3
zeil, het 1
zeilen 1
zeker 3
zelden 15
zelfstandig 15
zenden 16
zes 7
zetten 5
zeven 5
zien 5
zijn 1
zijn 12
zin, de 10
zitten 4
zo 1
zoals 11
zoet 6
zomer, de 11
zon, de 11
zondag, de 4
zonder 15
zonnig 11
zorg, de 18
zorgen 18
zout, het 17
zus, de (zussen) 15
zustertaal, de (-talen) 2
zwaaien 1
zwanger 20

Bildnachweis

li = links   M = Mitte   o = oben   u = unten   r = rechts

APA: S. 73 (u), 93 (r); Ebentheuer: S. 34, 39 (u), 40, 48 (li o, li M), 64, 72 (li o), 74, 107, 108, 124, 127; Edition Sigloch: S. 44, 44/45, 54/55, 60/61, 105 (r); Eichhorn: S. 20, 21, 25, 28, 33 (o), 54 (li u), 55 (r o), 70, 82 (u), 87 (r o), 88 (li); elektraVision: S. 78 (li o), 122/123, 123 (o); Europäische Zentralbank: S. 26, 122 (u); Lindner: S. 23, 26/27, 32/33, 33 (u), 51, 52, 56, 60 (u), 61 (r o), 67 (r u), 68, 82/83, 83 (r); MEV Aktuelles Fotoarchiv: S. 48/49, 72/73, 78/79, 88 (r), 104/105, 114; MEV People Collection: S. 91, 92/93, 94, 116, 122; Nova: S. 15 (u), 45, 49 (r), 54 (l o), 66/67, 110/111, 113; PhotoDisc: S. 42; Pleischl: S. 14, 15, 79 (u); Reitsma: S. 38/39; Stad Antwerpen. Dienst voor toerisme S. 98, 99, 100, 101